歌川广重

名所江户百景

歌川广重

名所江户百景

刘佼　编著

華中科技大學出版社
http://www.hustp.com
中国·武汉
有书至美
BOOK & BEAUTY

目录

江户百景

江户是日本首都东京的旧称，同时也特别指代江户时代的东京，这是一座以江户城（今为天皇居住的宫殿）为城市的中心所建造的城。“江户”一词最早记载于《吾妻镜》，这是镰仓时代（1192—1333 年）的编年体史书。作为地名的由来众说纷纭，最靠谱的说法是从“江之入口”简化而来。“江”在日语中是对海、湖等水进入陆地的地形称呼，类似港湾。“户”则有入口之意。最早的江户是位于做为武藏国与下总国分界线上的隅田川的河口西侧，这个河口的名字叫“日比口入江”（地址大致位于今东京日比谷与丸之内一带），与日后筑城后的江户位置接近。

《江户百景》分为春夏秋冬四部，据统计目前有春之部四十二幅，夏之部三十一幅，秋之部二十六幅，冬之部十九幅。这套风景作品虽然描绘四季变化，但是季节表现的细节处却并不准确，以《目黑元不二》为例，这幅画被归类为“春之部”，但是画中的叶子却是秋天的。想来广重在创作的时候，更多地加入了自己主观的想象，以求取得更好的艺术效果。

春之部是四部中最富有生机的一部，配色也相对更加清新甜美，一到四十二幅代表了一年的第一到第三个月，这在日本被认为是春天。夏之部，颜色骤然丰富起来，第四到第六个月是日本的夏季，在系列中为第四十三到七十二幅。秋之部呈现出更加成熟稳健的风貌。这部分作品以市民游览风景名胜和丰收节日等内容为主，并以在秋天的最高峰观赏秋叶为标志。秋部从七十三到九十八幅显示了日本第七到第九个月的活动。冬部的九十九至一百一十八幅，体现了广重擅长留白的画法，他预设了雪的形态，然后用线描和块面将雪表现出来，没有画雪却使得江户处处是雪。冬天随着新年的到来而结束，也为作品画下了休止符。

《江户百景》是典型的名所绘，还有许多版画家也表现过江户地区的各个有名风景，但未有一人像广重一样把对人世的情谊也添加其中。歌川广重的作品是理性思维与感性思维的有效融合，你能从他的画作中看出一些理性思维，也能跟着画家一起感时伤物起来。后期日本新版画的发展中，依然存有广重式的表现法，这种“艺术基因”代代相传地延续在日本艺术的历史中。日本人关心自然，也固守社会关系，这种性格自然也在文化艺术领域中展现出来。

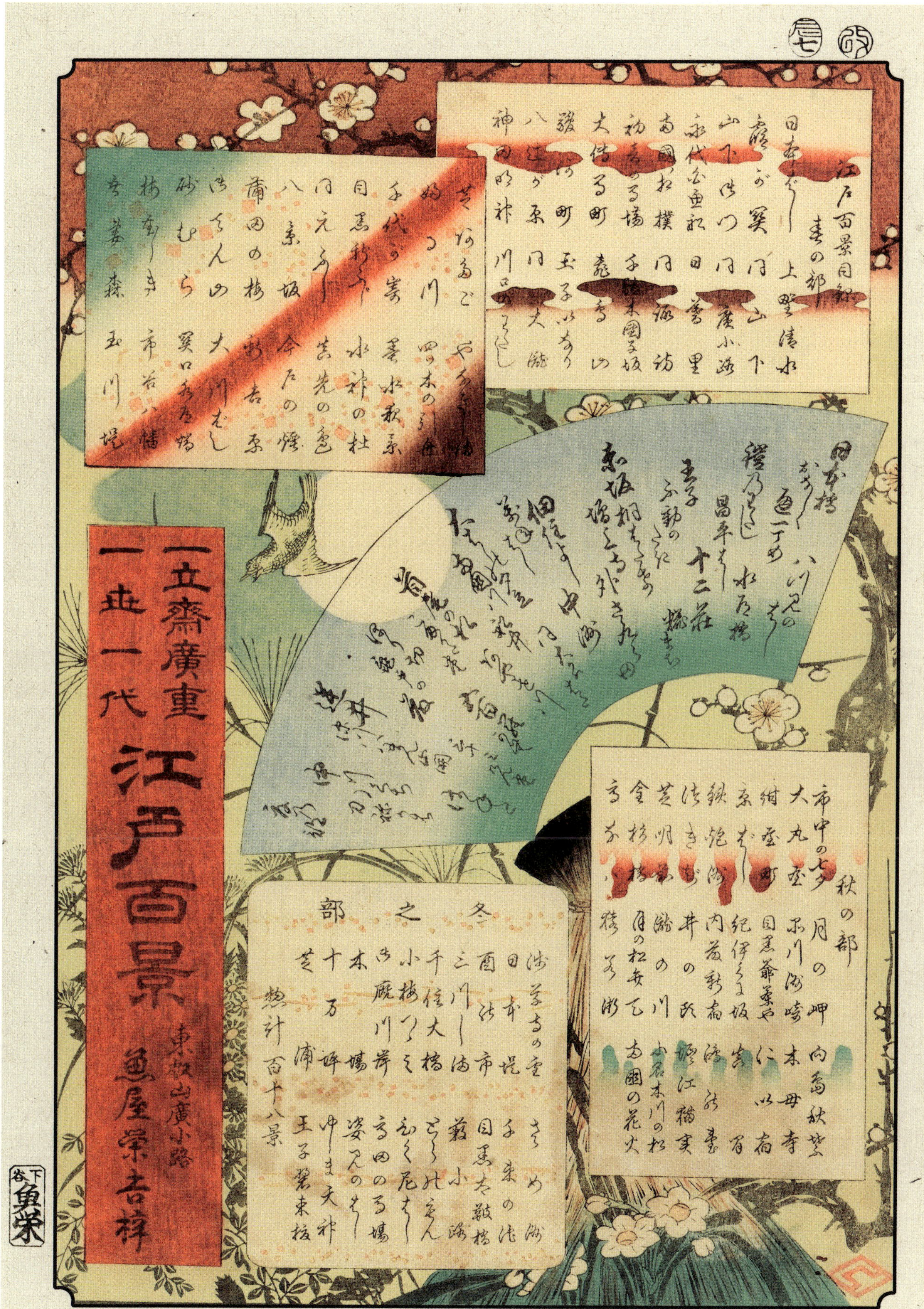
江戸百景目録
春の部
秋の部
冬之部
惣計百十八景
一立斎廣重
一世一代
江戸百景
東叡山廣小路
魚屋栄吉梓
下谷
魚栄

春部

春部

日本桥雪晴

1856—1859 年

《日本桥雪晴》是该系列的第一幅作品，展现了他的整个艺术视野——崇高与世俗的并列呈现。富士山的底部被一层薄雾覆盖，“头”顶白雪的富士山雄伟地耸立在地平线之上，俯瞰着整个景色。右边用单色标出的是德川王朝的江户城堡，自 17 世纪初以来，德川王朝一直是日本权力的把持者。画面的下半部分，以清新浓郁的河水为特色，描绘了北岸鱼市的熙熙攘攘。画面中央拥挤的桥，建于 1603 年，即著名的“日本桥”，自 1605 以来，它一直是官方测量全国所有距离的点，而幕府将军的城堡和富士山则早已经成为江户著名和标志性的景观之一。

名所江戸百景
日本橋雪晴
広重画
下谷 魚栄

春部

霞关薄雾缭绕

1856—1859 年

这幅画的最大特点是它的色彩，带有明亮水平条带的蓝色、白色、红色、绿色和灰色在画面中一一呈现。为了不削弱色彩区域的效果，两个大名住宅被放置在场景的最左边和最右边。中间一条宽阔的街道斜斜地向下延伸到了江户湾，似乎被绿色地带隔断了，画面中采用的线性视角则让街道看起来更像是某种地形示意图。

由色彩构成的平坦区域，则在画面中创建了一个二维的城市印象：左边是广岛封建领主浅野住家的警卫室，右边则是三村的灰色兵营，为九州岛福冈的黑田大名服务。它们战略性地坐落在建筑群的边缘，这样城墙就可以保护在其中心的封建领地。各式各样的人走在宽阔的街道上，一个江户居民和他的女儿正在看一群鹿岛舞者，他们正在吟唱和舞蹈，以祈求家庭成员的长寿；而飘浮在天空中的风筝和顶部的风筝则带有“鱼”的字符，这正是浮世绘出版商 Uoei 的标志，城市右边有一片门松，这是日本新年的传统装饰。

名所江戸百景
下谷
魚栄

春部

山下町日比谷外樱田

1856—1859 年

这幅版画的主题同样是新的一年，新年的元素比前一幅更加明确而突出地展现在了我们面前。画面中间是一片蓝色的水域，右边的江户城堡外护城河上则矗立着一堵高高的石墙，上面种满了松树。

在日本，最受欢迎的新年活动中有一项就是放风筝。在这件作品中，人们可以看到很多风筝线升到空中，却看不到那些真正在放风筝的人在哪里。一扇宽阔的红色大门在画面中显现，它来自九州岛佐贺封地的大名菅岛（1814—1871 年）富丽堂皇的住宅，这幅画也是浮世绘中有关的大名宅邸的最详细描绘之一。左边白川阁下的大厦角落墙壁隐藏在松枝后面几乎看不见，那个位置是现在帝国饭店的所在地。总体来讲，这幅作品将江户大名的威武庄严与平民戏剧的轻松与智慧之间的鲜明对比表达得淋漓尽致。

名所江戸百景
山下町日比谷外さくら田
廣重画
下谷 魚栄

春部

永代桥佃岛

1856—1859 年

建于 1698 年的“永恒之桥”在它即将流入江户湾之前横亘在合田河上，这是江户时代最长的桥。第一个德川幕府将军来到江户的时候，还带来了大阪府的渔民，并将他们安置在江户湾的一个小岛上。从那时起，渔民们需要每天为幕府将军提供新鲜的鱼，他们的渔获物包括当时幕府将军特别喜爱的白鱼，而这些透明的小鱼在晚上被灯笼的灯光引诱进网，这个场景如同我们在桥后看到的场景。

在满天星斗及明亮月光的映照下，我们从江户湾桥下看到了冢田岛夜间场景，其中一个巨大的柱子上暗蓝色的色调暗示着那里生长有大量的藻类；船桅上微妙的闪光的痕迹则是月光的反射造成的，而下方普鲁士蓝色的深潭则暗示了桥的阴影，一段色彩的渐变后月光海洋的淡蓝色让画面看起来更加的生动迷人。桥柱和双桨被一个蓝色的波浪加强，水从它们身上掠过，摇曳生姿。

名所江戸百景
永代橋佃しま
広重画
下谷
魚栄

春部

回向院元柳桥

1856—1859 年

在画面的最下端，我们看到了本庄附近的屋顶。它坐落在一条宽阔的河岸上，对岸则是封建领主松田的住所，右边则是延木桥与隅田川相遇，远处是白雪覆盖的富士山山峰。延伸到富士山的景观平面通过前景中的巨型鼓塔得到了加强，悬挂在塔上的两块白布表明今天的春日天气适合举行相扑比赛，急切的观众们已经聚集在下面的寺庙区域，等待比赛上演。

这幅版画的主题焦点是佛教寺庙善光寺，它建于 1657 年，是江户历史上最严重的火灾后，在第四任德川幕府将军的指示下修建而成的，是为当时死难者祈祷的地方。1768 年，这里举办了首届相扑比赛，并很快将其发展成为双年度固定活动，直到 1909 年国家相扑馆建成后，这里才失去了作为主要场地的地位。

名所江戸百景
両ごく回向院元柳橋
廣重画
下谷魚栄

春部

马食町初音马场

1856—1859 年

画中描绘了位于距离浅草门不远的江户市中心的春日景象，这里最初是一个骑马场，将军的家臣们在这里对马匹进行训练。江户中心的染色工们利用古老骑马场宽阔的空地来晾干他们印染的布料，四种颜色的织物在微风中轻轻飘动，赭色、白色和黄色与背景协调一致。背景中的火灾监视塔屋顶下，挂着一个警铃，这个警铃用来在意外发生时警告公众，不同的声音代表着不同的情况。下面的建筑物则主要用于游客到江户时居住，并维持着这里作为进出江户门户的长期功能。

名所江戸百景
馬喰町初音乃馬場
広重画
下谷魚栄

春部

大传马町木绵店

1856—1859 年

夜晚的大传马町，商铺已经打烊，门虚掩着，店铺老板坐在一家商店里，打开旁边的包布，正计算当天的收入。旁边经过的两个艺伎身着饰有蜻蜓图案的和服，看起来昂贵而内敛，但外衣下的红色衣衫又为她们的暗色服饰增添了一抹亮色。

广重用西方的线性透视法来描绘这条商业街，屋顶和地面的线条在版画的左边边缘之外的一个点消失。商店的屋顶有着于收集雨水的类似花盆的装置，这样确保了手边总是有水可以用来扑灭频繁发生的火灾。

名所江戸百景
大てんま町木綿店
広重画
下谷
魚栄

春部

越后屋

1856—1859 年

画面提供了俯瞰的视角，让我们得以观察一条熙熙攘攘的长街，街道两旁的商店铺着瓦片，屋顶呈线形。这条笔直的道路在消失在一大片传统形状的日本云团之前就开始急剧变细，带有一丝夸张的美感。宏伟地飘浮在云层之上的是富士山，其真实的外观在这个系列中是独一无二的。这个富士山的与众不同之处在于其坚定的对称性，这只有日本绘画中传统使用的不规则的程式化形式才能将其分解，以分离图像叙事中的场景。

三井纺织厂沿着街道的两侧延伸，右手边是棉纺厂对面的商店越后屋，也就是现在的三越百货商店，至今仍然是东京相当受欢迎的商店之一。在靛蓝色的镶板上有一个圆圈，圆圈里有数字“三”和“井”两个字符的圆圈，在江户形成“三井”一词，这个在日本许多地方都有店铺的纺织品零售企业也被称为“市谷”。

名所江戸百景
廣重画
下谷
魚栄

春部

斜内八小路

1856—1859 年

江户时期为数不多的几个大广场在大火后都被用作防火屏障，因此早在 18 世纪江户出现在画作中，通常就会用一大片浅灰色来指代，表明这个区域是个开放的空间。这件作品中的广场也不例外，从作品的右下角到左上角，矢光寺与大名住宅，被神田河分隔开来，这也让神田河成为画面中一条宽阔的对角线，定义了整件作品的构图。几条小道也以神田河为目标，最终汇集在此，让神田河成为当之无愧的汇合点和画面中心点，这几条小路也就是作品名称中所提到的“八小路”。红色的雾气盘踞在神田河的上空，在雾气的周围我们可以看到神田庙和其他一些建筑，而画面底部的一顶有着红色顶盖的轿子则暗示着一位高贵的女士正在被人护送回家。

名所江戸百景
筋違内八ツ小路
廣重画
下谷
魚栄

春部

神田明神曙之景

1856—1859 年

画面中央的一棵高大的雪松树干从青翠的地面中拔地而起，将画面一分为二，成为画面的中轴线。左边站着的是祭司，右边则是殿役和她的助手，他们身上的服装色彩鲜艳，聚合在一起，让画面瞬间引人注目。神龛始建于 730 年，是江户极为古老、重要的圣地之一。1616 年，它被迁移到神田地区，并被那里迅速增长的人们奉为神圣的守护者。在每两年一度的神祠节期间，江户的居民通过塔雅苏门进入幕府的城堡，向统治者致敬，然后通过武桥门离开这个日本的权力中心。

名所江戸百景
神田明神曙之景
廣重画
下谷
魚栄

春部

上野清水堂不忍之池

1856—1859 年

清水观音堂初建于 1631 年，是江户佛教寺庙建筑群的一部分，仿照京都的清水寺建造而成的，采用长柱和横木支撑舞台的“悬造式”手法，这也是这个建筑最有特色的地方。画面中一个巨大的红色阳台像船头一样伸出，掩映在盛开的樱花树丛中，这些樱花烂漫地绽放，肆意而热烈，与池畔的高而细的松树相映生辉，而阳台的红、樱花的粉则与旁边池水的蓝色形成了鲜明的对比。广重的这幅画作采用了俯瞰的视角，樱花环抱的清水堂、月之松和不忍池，在这种视角下，呈现出了极强的纵深感。

名所江戸百景
上野
清水堂
不忍池
廣重画
下谷
魚栄

春部

上野山下

1856—1859 年

画面描绘了上野公园内被称为“山下”的地区，乌鸦在上野寺上方灰蒙蒙的高空中盘旋，乌鸦一直是该地区的一个标志，即使在今天，它们的叫声仍然在这里响彻云霄。红色和黄色的云飘浮在寺庙与其他建筑之间，那些建筑物隐藏在浓密的绿叶中，宁静优雅，与前面拥挤的街道和商店形成了鲜明的对比。在画面底端中，穿着优雅、打着大阳伞的女士们从一家饭馆附近走过，衣着朴素的市民们则纷纷地投去好奇的目光。

熙熙攘攘的饭馆则占据了画面的主要位置，紫苏米饭是饭馆的招牌菜，它被写在了饭馆的迎客布帘上。各色的顾客来来往往，或酒足饭饱离开饭馆或饥肠辘辘走进饭馆，虽未画出他们的表情，但寥寥数笔的形态描绘却非常生动。

名所江戸百景
上野山した
伊勢屋
いせや
広重
下谷
魚栄

春部

下谷广小路

1856—1859 年

这张作品绘制于 1855 年江户地震后，正值著名商店松坂屋重新开张之时。在繁忙的街道上，右侧是长长的一排商店，而近景中松坂屋商店的标志则异常醒目，凸显了商店的重要性，商店旁边还有两个送货人，这也暗示了商店货品流动性大，生意兴隆。这家今日还在营业的商店像三越百货一样是东京的主要百货商场之一，商店前方是日本传统的开放式广场，几名武士正在看着一长列妇女们从这里经过，她们都撑着同样的红白双色的日式纸伞，看起来闪闪发光，美妙异常。这通向上野馆寺树木繁茂寺庙区的长街上的商店，大都有着灰色的屋顶，它们与近景中的松坂屋一起，成为整幅作品的主导物体。

名所江戸百景
下谷廣小路
廣重画
下谷
魚栄

春部

日暮里寺院林泉

1856—1859 年

作品描绘了日暮里寺院这所 18 世纪的寺庙中绮丽的花园中的景象：人工堆积起来的各种奇怪形状的岩石、盛开的樱花和杜鹃花等美好的景观吸引了众多的游客，他们散步其中，享受这些美景带给他们的欢愉。樱花和杜鹃花本不应该在同一时节开花，但广重却将它们置放在同一时空下，让两者不同的红色调营造出梦幻的美好。广重的想象力显然不仅限于此，他还将画面右侧边缘的一棵植物，描绘成经过修剪后的帆船的样子，更加强调了景观的人造性和美感，这与当时的社会审美环境不无关系。广重尽量避免画面中出现太多过于杂乱的色彩，因此他将人物的衣物等也附着上各式的红、黄、蓝、绿色，与景物色彩相互辉映，绚丽夺目而又不至纷杂繁复。

名所江戸百景
日暮里寺院の林泉
廣重画
下谷
魚栄

春部

日暮里諏访台

1856—1859 年

两根细长的雪松树干的浓密树冠直立高耸，仿佛要插入云端，从树冠底部到树梢，各种绿色的细微过渡差别与树下草坪的绿色相互呼应，生动有趣，非常细致。在画面右边的远方位置，我们可以看到筑波山双峰的轮廓，这是一座日本著名的山。画面前端的地方景色秀丽，成群结队的江户居民正聚集在那里，他们在盛开的樱花树下或散步或野餐喝茶等，惬意异常。这片土地是在德川家族进入江户后，开始变成人们出游的热门景点。

名所江戸百景
日暮里
諏訪の臺
廣重画
下谷
魚栄

春部

千驮木团子坂花屋

1856—1859 年

在德川末期，园林景观在日本大受欢迎，各种著名的园林吸引了大量的游客，画面中的这座位于上野西南方的园林，是由园丁菊田小平二设计的，在当时广受瞩目。广重的《江户留念》第七卷中的第一幅同样描绘了这个场景，他还在文中写道，“在这个原本属于园丁的公园里，最近种下了各种各样的小草，极富吸引力”。广重利用夸张的红色云彩将画面一分为二，上部分是掩映在翠绿树木中的亭台楼阁和静谧的小径，有行人穿梭其间，仿若腾云驾雾般，颇具雅致之意。画面下部则是一个樱花盛开的烂漫场景，大片的白粉色樱花与中部的红色云彩形成了鲜明的对比，更显娇嫩，人们在树下漫步休憩，感受着樱花与旁边池塘带来的美景，好不惬意。

名所江戸百景
千駄木團子坂花屋敷
廣重画
下谷魚栄

春部

飞鸟山北眺望

1856—1859 年

这幅版画是在德川王朝第 13 任幕府将军德川乐深（1824—1858 年）在 1856 年 3 月到旭山游览后不久完成的，版画再现了当时将军欣赏到的自然美景。

吉川幕府八世（1684—1751 年）于 1737 年将这片土地捐赠给金陵寺，条件是希望公园建成后可以对公众开放。1873 年，一心推行西方化改革的明治政府，在这里建立了日本第一个现代公园。

这片地区以曼妙的樱花而闻名，在作品中，我们可以看到许多游客在樱花树下野餐或者散步。公园之外是一片辽阔的浅绿色稻田，平缓而宁静，画家利用灰色的模糊的细线来划分稻田的领域，这种自然的线条，更是为画面增添了几分恬淡。远处筑波山的双峰清晰可辨，简化而夸张的轮廓成为它们的特征，而为了更好的强调山峦的姿态，广重更是刻意更改了山峰的相对高度，不失为一种美好的拓展。

名所江戸百景
飛鳥山北の眺望
廣重画
下谷
魚栄

春部

王子稻荷神社

1856—1859 年

王子稻荷神社建于 8 世纪初，是关东地区最古老的神社。神社坐落在大寺村附近一座树木繁茂的山上，供奉的是稻神伊纳里，希望稻神可以庇佑占据了江户北部大部分土地的肥沃平原。这座神社参拜者甚众，其中不但有农民、市民等，还有幕府将军，将军每年秋天都会来到神社，感谢丰收，并祈求来年的健康和繁荣。

位于画面左侧边缘的神社红色鸟居的特写，只表示了鸟居一半的样貌，这让观众更容易将视线聚焦在神社上，神社中的神主正看着朝圣者们，他们背负着参拜贡品，爬行在陡峭的台阶上。透过神社的雪松，我们可以看到地平线上筑波山的马鞍形轮廓，而山脚下的乡村街道上，正在萌芽的梅树预示着这里将很快迎来春暖花开。

名所江戸百景
王子稲荷乃社
廣重画
下谷 魚栄

春部

王子音无川堰坝

1856—1859 年

这幅版画是在 1857 年 1 月 2 日，执政的幕府将军乐和田（1824—1858 年）到江户北部的大寺进行为期一天的短途游玩后不久创作的，以此纪念幕府将军来访。

这座大坝建于 1657 年，旨在管控被称为音无的石神井河段，将部分水流转移到灌溉渠中，以此来浇灌附近肥沃的稻田。画面中，树林里掩映着金陵寺阿弥陀佛殿的屋顶，不远处水坝上的河水形成一条瀑布重新涌进了音无河，河的两岸有雪松和盛开着花朵的樱花树，看起来生机勃勃。河岸边的人们，有的试探性的踏入河水中，有的干脆跳进河水中接受瀑布的冲刷，好不惬意。

名所江戸百景
王子音無川堰埭 世俗大瀧ト唱
廣重画
下谷 魚栄

春部

川口小善光寺

1856—1859 年

作品描绘了江户最北端的河口风景。画面被斜向穿过的深蓝色河流分为了三部分，加强了构图的稳定性。画面上半部分是掩映在树丛中的善光寺和附近的村舍，它们稳固而宁静，代表着人们闲暇时光的生活。而河水所构成的画面中部，则利用河面上的木筏与木筏上卖力摇桨的工人来表达了生活中需要努力和奋斗的一面。画面最下部分则与画面上段部分遥相呼应，同样是河岸边的日常生活，垂柳与松树让画面更显得缓和与美好。广重在这些风景的描绘中，更注重的是构图与色彩，而非精准的事实再现。

名所江戸百景
川口のわたし善光寺
廣重画
下谷
魚栄

春部

芝爱宕山

1856—1859 年

根据日本传统的习俗，在新年的第三天，芝爱宕山会举行一个新年祈福仪式，祈求新年的好运、健康和成功。在这件作品中，一位身着日本传统神职人员服饰的老人，头戴祈福用的发饰，手持象征富足的木桨。他爬过了许多的台阶，即将踏入爱宕山神社，神社的屋顶上，挂着一幅黑框的画，并未给出全景的画上，我们只能看到一行字：“安世四世 1857 年，一个吉日”。远处的海面上，白色的帆船点缀其上，远处海平线上的红色光芒预示了太阳即将升起。在这场祈愿仪式结束后，老人会将发饰上的草束取下，分发给朝圣者们，这些接受过神社洗礼的草束有着疾病痊愈的寓意。

名所江戸百景
芝愛宕山
正月三日
毘沙門使
廣重画
下谷
魚栄

春部

广尾古川

1856—1859 年

小古川河从画面中部蜿蜒而下进入前景，一座木桥连接着河两岸，河岸左侧有一家饭馆掩映在一排松树后，供往来的游客和市民休憩，这是一家以鳗鱼料理闻名的餐厅，在广重的《江户百景》系列中，还有很多幅版画像这件作品一样，以各种手法表达了所描绘的场景中的地方特产美食。广重用浅蓝色的河水与青绿色的平原为世人展现了一个田园诗歌般的惬意场景，但其实这种场景是他对江户南部的高度美化，如此宁和美好的风光几乎从未出现过，如今更是如此，现在这片土地已经是东京最昂贵的地段，布满了大楼与公寓，但与过去一样未曾改变的是，这个以怀石料理和高档餐厅闻名的地方，依然延续着它在美食界的传奇。

名所江戸百景
廣尾ふる川
廣重画
下谷
魚栄

春部

目黑千代池

1856—1859 年

民间流传着有关“千代池”的传说：14 世纪，一位名叫千代的女子在她的丈夫死后陷入绝望，投塘自尽了，她走进池塘前，将自己的衣物挂在了池塘边的一棵松树上。后来人们为她对丈夫的爱所动容，将这个池塘命名为“千代池”。在画面中，景观小瀑布从开满樱花的山坡缓缓流下，瀑布的水流向了千代池，激起的小小的波浪隐藏在了池中小岛后。小岛上一个身着和服的女子正带着自己的女儿慢慢走过，她们不远处另一名女子正准备通过岸边走向小岛。池水倒映出岸边的树木，悠然宁静，这种水中倒影的手法在当时的日本画坛很少被用到，即使是对广重本人来讲，也实属罕见。尽管 18 世纪初就有画家尝试过这种手法，但使用者凤毛麟角，直到几十年后，西方绘画技术在日本日渐普及，才有更多的日本画家使用这种手法。

名所江戸百景
目黒千代か池
広重画
下谷
魚栄

春部

目黑新富士

1856—1859 年

这座人工富士山建于 1829 年，在将军近藤佐（1771—1829 年）的领地上成为一道美丽的风景。其实早在 1780 年，富士山的信徒们就曾在高田建立了第一个富士山的复制品，试图复制那享誉日本的绝世美景。一道小河绕过山峰穿梭在盛开的樱花树和草地之间，与植物和山共同完成了普世日本审美所需的自然风光。人工富士山上有一条直通山顶的小路，有行人穿梭其中，也有人已经登顶，正眺望着远方真正的富士山美景。几团粉色的夸张的云朵飘浮在空中，巧妙的为两座山之间的距离做了标识，仿佛那座真正的富士山还很遥远。

名所江戸百景
目黒新富士
廣重画
下谷
魚栄

春部

目黑原始富士

1856—1859 年

这座迷你富士山建造于 1812 年，高约 12 米，是江户最高的富士山复制品。画面围绕这座迷你富士山展开，山被描绘成墨绿色，象征着春季绿草繁茂，零星的松树点缀其中，更显得傲然挺拔，有些游客正缓缓地走在小山坡上，山坡下方则还有一些游客坐在樱花树下，悠然自得的喝茶聊天。远景被画家处理的比较柔和平淡，让画面松弛有度，看起来并不是非常满，远处的真正的富士山也并没有着墨太多，反而有点甘愿陪衬的意味。在江户有很多富士山的迷你仿制品，但这一座是最受欢迎的一个，而且描绘这座山的作品中，这一件也是最早绘制的，也因此被称为“原始富士山”。

名所江戸百景
目黒元不二
廣重画
下谷
魚栄

春部

八景坂铠挂松

1856—1859 年

画面的绝对主角是一棵枝繁叶茂的大松树，它耸立在江户湾的绝壁上，江户湾则被数艘帆船装点得生机勃勃。靠近江户湾的东海道公路上，有人群在沿着海岸慢慢散步，靠近矗立松树绝壁的平坦草地上，也有一些游客在朝着峭壁走来，他们正打算去攀登这座“八景之巅”。在这里，除了有漂亮的植物，还可以远眺如画的海湾。有关画面中央的松树，有一个传说：据说，在经历了 12 年的武装冲突之后，1062 年，武士野义本在兵变省（今天的青森县）击败安倍家族之前，在休息的时候把他的盔甲挂在了这棵树上。这次胜利巩固了原辅军在日本北部的地位。他们在镰仓时期建立了第一个军事政权，德川幕府和其他武士家族的血统可以追溯到他们。广茂根据这个故事改变了这棵树的形状，并极大地拉高了树干，这样只有巨人才能在扭曲的树干上穿上红袍，暗喻武士强大的身躯。

名所江戸百景
八景坂
鎧掛松
廣重画
下谷
魚栄

春部

蒲田梅园

1856—1859 年

作品描绘了蒲田地区梅园的景观，早在 1818—1830 年，这个本属私人的庄园便建起了茶馆和饭馆，并向公众开放，因为庄园的梅树众多，也因此后来被称为“梅园”。广重在作品中选择了一个略低的角度，以此来更贴近、更好地观察花园的每一个细节，并利用树影的位置来暗示了画面发生的时间段。庄园的梅树绵延不绝，一直延伸到画面的尽头，画面中部有茅屋和游人，而画面前景中一顶空荡荡的轿子，留给我们很多遐想的空间：轿子的主人是去游玩了还是在附近小憩，他或者她又是怎样的一个人，有着怎样的故事和情节，这种表现手法传播到欧洲后影响了欧洲前卫艺术的创作。

名所江戸百景
蒲田の梅園
廣重画
下谷
魚栄

春部

品川御殿屋

1856—1859 年

江户非常著名的赏樱花景点之一是宫山，传说这座山的名字来自武士大田道根。他于 1457 年在这里建造了第一座城堡，此山也因此得名“宫山”。此后这个地方一直作为将军们所喜爱的地方存在，直到 17 世纪初，德川幕府将军仍将此住宅作为乡村住宅。

这幅版画中描绘场景是城池被破坏，在匆忙重建城墙的三年后，山坡上被损毁的痕迹仍然清晰可见，但游客们却并未因此而放弃春日樱花盛开的美景。一群衣着简单的游客正悠闲地往山上走去，期待在山顶看到春花烂漫。广重在这件作品中，既表达了传统的赏樱场景，也巧妙地利用对山形的描绘，暗喻了即将要修建的铁路——对山进行改建正是为了为一条正在修建的铁路做准备。这种手法同样出现在塞尚 1870 年的作品《铁路的路堑》中，这让画面摆脱了风景画传统固有的模式，增加了许多现代艺术的意味。

名所江戸百景
品川御殿山
広重画
下谷
魚栄

春部

新砂八幡神社

1856—1859 年

德川家族在江户定居后不久，城市人口迅速增长，很快就超过了幕府将军城堡周围的居民区。日益增长的人口对粮食的需求增大，到 17 世纪中叶，许多土地用来种植水稻，围绕着田地建造起了许多的村庄。其中，砂村地区就是这样创建的，在江户时期它位于江户湾岸边。如今，它则是东京关东区的一部分。画面利用一个从山上俯瞰全景的视角来描绘，近景处河岸堤坝上有盛开的樱花树和松树，堤坝也利用自己狭长的体型来对画面构图进行了一个分割。堤坝右边，是广阔的水稻田地，有农民摇着橹穿梭田地间，远处连接海湾的地方还有星星点点的白帆，水面一直延伸到画面的尽头，为画面留足了空旷的空间感。画面右侧有一个鸟居半遮掩在樱花树下，而堤坝上的农民则正走在与农田相反的方向，可能他们正结束了一天的忙碌，打算回家休息。

名所江戸百景
砂むら
元八まん
廣重画
下谷
魚栄

春部

龟户梅屋

1856—1859 年

这件作品是广重整个江户百景系列中非常著名的作品之一。龟岛的梅子公园位于城市的东北部，一如其名，公园以梅树著称。画面中直逼眼前的是一株梅树的部分树干，它有着奇怪形状的枝干和圆圆的白色花朵，画家利用对树干色彩的渐变处理让画面有了一种版画从未有过的三维效果。这棵梅树被称为“卧龙梅”，是江户的第一名树，文人墨客经常聚集于此，争相吟诵它。透过这棵树的树干，我们可以往画面深处看去，有更多的梅树上绽放着花朵，往来游客无不驻足观看，好一番热闹场景，这种构图方式也让画面自然产生了景深的效果。这幅画的主题与九个月前广重创作的另一幅版画《蒲田梅园》紧密相关，在 1856 年 5 月之后，他的许多作品中都突出了白花所带来的光芒与重点。

名所江戸百景
亀戸梅屋舗
廣重画
下谷
魚栄

春部

阿祖玛神庙与交织樟树

1856—1859 年

树叶树干缠绕在一起的几棵樟树高高的耸立，超越过红色的地平线，直指云间。鸟群从天空中飞过，与树冠之间的距离也明确的表示了树干的实际高度，让画面既有夸张感又未丧失真实性。其中一棵樟树树冠的右侧被视为“雄性”部分，其弯曲的轮廓高于左侧较低的“雌性”部分，这棵不寻常的树象征着传说中的大和王子和他的妻子。而围绕着这棵著名的树而建的阿祖玛神殿几乎隐匿在黑暗、浓密的树林中，但画家巧妙地使用了明亮而强烈的黄色来对这棵树进行强调，再加上通往神殿道路两旁的幡，神庙不但没有被阴影吞没，反而显得更加引人注目。画面前景中是两艘小船与沿河道路，烂漫的粉色樱花缓和了画面因樟树的巨大及深沉而显得沉闷的气氛。

名所江戸百景
吾嬬の森連理の梓
広重画
下谷
魚栄

春部

柳岛

1856—1859 年

作品描绘的江户的东北角，是北部洋浦运河和平行洋浦运河的交汇处，这两条运河都属于江户水道系统的六条主要水道之一，这六条水道在墨田东部的本庄和深川地区交错、融汇。在东北角的这处交汇点，有一座被称为柳岛的河中小岛，靠近水岸的边缘处有一家叫做桥本岛的餐厅，客人要么通过水路划船登岸来到餐厅，要么可以走过柳桥前往，这家餐厅直到 1923 年都还在营业。餐厅的左边是日莲寺的奥肯殿，这座寺庙供奉着北斗星神化菩萨，菩萨保佑人们免除火灾的困扰，赐予民众财富和长寿，这座寺庙还是江户艺人们举行祭礼的地方。

名所江戸百景
柳しま
広重画
下谷
魚栄

春部

四木通用水引舟

1856—1859 年

四木通水渠建于 17 世纪初，是江户供水系统的一部分，它被用作灌溉通道和货运水道，目前也成为前往日本东北部的乘客的水路。这条水渠浅而窄，只有小船才能在此航行。广重利用一个大胆的 S 形曲线来描绘运河，河水的蓝色向顶部逐渐变浅，从透视的角度表达了由近及远的效果，巧妙又不失美感。在很多艺术史专家的眼中，这件作品是整个系列中相当出色的几件之一，用色大胆出彩，饱和的蓝色、赭色和绿色的组合让画面清新明亮，加之开阔的画面视野，让整件作品看起来通透，“堪比一幅油画”。

名所江戸百景
四ツ木通用水引ふね
廣重画
下谷
魚栄

春部

真乳山山谷堀夜景

1856—1859 年

广重主要以风景画闻名，他很少创作以人物为主的作品，但在这套系列作品中却出现了这样一个例外。这件《真乳山山谷堀夜景》，是系列中唯一一幅完整的以单一人物为画面主题的作品。画面前景中有一个正在夜色中独自行走的女人，她身着传统而正式的和服，深色的和服的衣襟开口处露出素雅的内衬，但更里面的一件红色及地连衣裙，似乎在暗示着她不一般的身份。而画面左侧半露出的一盏灯笼，则表明在她的前方还有其他人在为她举着灯笼照明，保障她的安全。女人走在三野河河岸边，河水泛着蓝色的光芒，在黑夜中异常的明亮，对岸有着点点灯光，那里是欢闹的场所，河上还有隐隐的小船，它们正载着人们前往新吉原娱乐区。广重用这样一个安静又充满故事，身上带有无数细节的女性展示了自己对人物形象的驾驭能力，精彩异常。

名所江戸百景
真乳山山谷堀夜景
廣重画
下谷魚栄

春部

隅田川水神森林前方

1856—1859 年

画面前景直迫眼前的是樱花树的枝丫，上面开放着粉白色的花朵，娇艳欲滴，花型与轮廓都进行了非常细致的刻画和处理，生动有趣。樱花树后是开阔的视野，平坦的地面、荡漾的湖泊，以及远处的筑波山，它在云雾中逐渐显形。路面上有行人在散步，打着传统纸伞的优雅女子尽管只有背影被我们看到，但仍然可以想象她们的惬意，远处的白帆是经常出现在广重笔下的形象，它们用笔简单，却极具特色，代表着日本繁忙的水路运输和帆船的重要性。整件作品用色异常的粉嫩、宁静，一股闲适的田园清逸感扑面而来。

名所江戸百景
隅田川
水神の森
真崎
広重画
下谷
魚栄

春部

从内川入口看水井神社和森真崎

1856—1859 年

广重别出心裁地选择了从水井神社附近的茶馆窗户的视角。从这个圆形的窗户望出去，一扇纸门遮住了一小部分的视野，纸门未曾掩盖的视野里有一株正在开花的梅树，梅树之外是河面的风景，由近到远分别有一个屋船、木筏和小帆船，木筏利用其简单的造型将另外两个造型相对显眼的船分割开来，在画面的构图上进行了区分。在画面中部的远景部分，是美丽的筑波山，它与山后的落日光辉构成了画面中较为绮丽的部分，与画面前景梅花与纸门的平淡优雅形成了对比。画家利用各处的这些对比来构成了一种画面的冲突感与比较性，让本来平静的风景变得生动活泼起来。

名所江戸百景
広重画
下谷
魚栄

春部

墨田河桥场之渡瓦灶

1856—1859 年

一如这件作品的名字，画面的绝对主角并不是日常的风景，而是墨田河旁边的一个巨大炉窑冒出的浓烟。这股浓烟以一种夸张而紧张的姿态斜插在整个画面中，将画面一分为二。浓烟的右侧部分是画面的次重点，河上的帆船和鸭子，构成了河面的日常风景，河岸的圆形炉窑暗示了画中的浓烟来自另一个跟它一样的炉窑。与这边不同的是，对岸则是一片怡然自得的田园风光，农舍和樱花树穿插在绿色树丛中，黄色的茅屋顶、绿色挺直的树木与天边红色的霞光构成了和谐的色彩碰撞。浓烟的左侧看似平淡，实际却专注地表达了远处的筑波山风光，它安静不喧闹，与浓烟右侧的人间烟火气息形成了对比，有一种来自自然的威严与肃穆。

名所江戸百景
墨田河橋場の渡かわら竈
広重画
下谷
魚栄

春部

吉原内的黎明

1856—1859 年

吉原地区最初位于日本桥，在位置上非常接近幕府将军的城堡，它是当时日本著名的烟花场所，娱乐之地，夜夜人声鼎沸，热闹的灯光让此地常年夜间如白昼般明亮奢华。吉原在 1657 年灾难性的美雷其大火中被摧毁，之后转移到浅草金龙山寺附近的一个偏远地区重建，也就是我们后来知道的“新吉原”。这件作品利用对吉原街道的街口处的描绘，来构建观众对吉原街道内部环境的想象。夜樱在画面的前方，沾染了附近散发出的灯光，淡光中带着一丝属于暗夜黎明的美感。街道口是结束夜晚生活的男男女女，正慢慢走出街道。透过街道延伸的方向，我们可以看到尽头掩映在一片淡淡的阳光中，太阳正在升起，夜晚梦幻的生活即将结束，而这里也将告别人造的灯光，迎来又一个被太阳照亮的清晨。

名所江戸百景
廓中東雲
広重画
下谷 魚栄

春部

吾妻桥金龙山远望

1856—1859 年

画家将一艘游船拉至画面前端，巧妙的选取其中一段，利用东方文化的含蓄之意，半遮半掩地让艺伎的一小半背影出现在画面的角落中，引发观者的无限遐想。她漆黑的长发挽起了发髻，金色的发簪表明了她身份的尊贵，她灰色的和服里面是红色的衣物，在衣领处露出的那一抹红色与她头顶的发簪一起让灰色的和服更显得优雅，也让她在庄重中带有一丝活泼。她也许正在陪伴客人游玩，正搭船前往附近的娱乐场所。漫天飘舞的樱花花瓣与远处的三重塔、金龙寺等构成了梦幻而灿烂的背景，远处的富士山上还残留着积雪，与樱花一起暗示了这是个初春的日子。画面尽头的广重仍然用红色的光芒来铺满了地平线，暗示着太阳即将归隐，属于艺伎的喧嚣夜晚即将开始。

名所江戸百景
吾妻橋金龍山遠望
廣重画
下谷魚栄
巳七
改

春部

关口上水端芭蕉庵椿山

1856—1859 年

瀬口渡槽是江户供水系统中古老的取水地点之一，属于城市的一个重要设施。它建于 17 世纪初，并通过每年征收的赋税来对其进行维护和进一步扩展，为此江户的所有居民都要缴纳赋税。河水的右边岸边，有行人沿着河岸漫步，他们旁边的小山坡上有着大片的绿色草地，山坡上的大门及屋舍表明了这片地界为私人所有，它的所有人正是当时的一个强大的大名家族细川家族，其成员包括当时的首相细川护熙，直到今天细川家族仍然是这片土地的所有人。樱花树与松树点缀在山坡之上，樱花的娇媚与松树的坚定形成了有趣的呼应。河的左岸边是大片的农田，农民们也正沿着河岸行走，落日归家，结束了一天的忙碌。

名所江戸百景
廣重画
下谷
魚栄

春部

市谷八幡

1856—1859 年

画家在画面中安置了两片云彩，狭长而颜色绚丽，写意而又夸张，它们平行地横亘在画面的中下方，自然地让画面进行了分离，成为了三个部分。底端部分重点描绘了河水和堤坝，这为画面提供了一个牢靠的根基；画面中端则是街道和房舍以及穿梭其中的路人，这密度颇高的建筑群表明了这是一处日本传统的商业街，是人们购物休闲的场所；画面顶端则是整个画面中最重要的部分，点题的市谷八幡宫出现在右后方，周围树木繁茂，让神宫更显得神秘而庄严，通往神宫的路上有着长长的陡峭石阶和红色的鸟居。樱花点缀在山上的翠绿的树木中，这是日本引以为傲的风景，既柔和美丽，又不失挺拔素净。在江户时代，市谷八幡是尾张的德川家族的遗产之一，也是江户居民们参拜游玩的重要场所。

名所江戸百景
市ケ谷
八幡
廣重画
下谷
魚栄

春部

玉川堤花

1856—1859 年

画面中这条美丽的樱花树林荫大道是在德川幕府第八任将军的统治时期（1730年左右）建成的，旨在为江户市民提供休闲游完的去处。大道沿着塔马河建成，塔马河是这座城市供水系统的重要组成部分，它的水质自然也有保证。河面清冽整洁，与河沿岸的樱花树一起构成了绝佳的春日美景。画面描绘的那一天是一个理想状态下的天气，樱花们静静地绽放在树上，并没有花朵叶子被吹落到河面上，一切都显得那么宁静自得。右侧河岸有一片房子，有衣着华丽的艺伎与男客站在阳台，这表明这一片正是新宿的娱乐区，他们的奢华与朴素的正在散步的市民们形成了对比。

名所江戸百景
玉川堤の花
廣重画
下谷 魚栄

夏部

夏部

日本江户桥

1856—1859 年

这是江户百景系列中夏部的第一幅作品，与春部的第一幅作品一样，这件作品也是描绘了位于江户市中心的著名桥梁——日本桥。在日语里“日本桥”的含义是“旭日之桥”，旭日指代的即是初升的太阳，这暗含着希望与光明，对日本来讲，这座桥的重要性不言而喻。画面选取了日本桥很小的一段，以一种极为迫近的方式让日本桥含蓄地展现出来，金色的桥身正是对日本桥这个名字最好的阐述，而画面右侧露出的木桶一角里则有一条新鲜捕捞的鱼，这种被日本人称为“第一鲣鱼”的金枪鱼是渔民们初夏捕捉到的第一种夏日鱼，象征着夏日正式拉开了帷幕，木桶上方的绳索则暗示了渔民正用扁担挑着水桶通过日本桥，希望尽快地能把这些鱼带到江户市场去售卖，以期待获得理想的报酬，这种满怀希望的状态再一次暗含了日本桥的含义，画家的草蛇灰线可见一斑。在桥的后方，我们可以看到河的对岸，上面密密麻麻地布满了屋舍，它们与河面上忙碌的小船以及天边的旭日一起再一次强调了主题。

名所江戸百景
日本橋江戸ばし
廣重画
下谷
魚栄

夏部

日本桥通一丁目略

1856—1859 年

作品描绘了一个夏日的街头场景，通过人们撑起的阳伞，我们不难判断，这是一个烈日炎炎的白日，熙熙攘攘的商业街却未曾受到天气的影响，依旧人头攒动，显得画面更加热烈。画面正前方是一把巨大的阳伞，伞下是一群衣着统一的舞者，这是日本表演神社祭祀舞蹈的演员们，这表明在商业街不远处也许就有一个神社，正要举行夏日祭典。这种祭祀舞蹈起源于日本大阪的住友神社，在这个大阪最著名的神社中表演的舞蹈演员被称为住友舞蹈演员，他们后来并不固定在某个神社演出，而是随着季节迁移到不同地方进行表演。到了江户时代，他们早就已经以江户本土演员为主要成员构成，成为江户本地的象征。

名所江戸百景
日本橋通一丁目略図
廣重画
下谷
魚栄

夏部

铠之渡小网町

1856—1859 年

映入眼帘的是一个河渡口,从前景中撑伞的身着和服的女士背影我们可以猜出,她正焦急地等待着船只的到来，以便将自己送往要去的地方，而不远处的坐满人的小船正缓缓驶来，即将靠岸。斜对面的岸边是一排粮仓的背面，它们整齐划一的排列着，也让我们感受到了江户这个地方人口的密集——他们需要这么多的粮仓来储备粮食——江户是如此繁华、物产丰富。广重在画面中安排了很多细节，近景中女子衣着华丽，发簪和和服的衣料都表明了她的身份特殊，而远处驶来的小船上，市民们的带补丁的阳伞和单色的和服等都是日常平民的常见装束，越发衬托出女子的华贵，引起观众的好奇心。

名所江戸百景
鎧の渡し
小網町
廣重画
下谷
魚栄

夏部

昌平桥圣堂神田川

1856—1859 年

这是《江户百景》系列中描绘雨景的三幅作品中的第一幅，这三件作品都属于夏部，可见，在广重的笔下，夏日的雨景给予画面的震撼性要远大于春日的细雨。画面前景是半座小山，郁郁葱葱的绿色表明了这是夏季植被最繁茂的时节，细细的雨丝从画面上方斜斜地降落，远处的山上有 17 世纪为研究儒学而建的御世尊祠，但广重巧妙的只描绘了祠堂的外院墙，剩下的建筑物都隐藏在大树之后，惹人好奇和联想。这件作品中的雨丝表达的非常含蓄，并不激烈，看起来也很柔和，符合初夏梅雨时节的特点，而这样的小雨带给人们的困扰并不是很大，因此河面上的船夫和路上的行人们，甚至空中的小鸟，都显得从容而安逸，他们享受着这温暖的初夏小雨，并不着急躲避。

名所江戸百景
昌平橋
聖堂
神田川
廣重画
下谷
魚栄

夏部

王子不动之泷

1856—1859 年

在多雨的夏季，河水会从武藏平原的一个凸出的悬崖上奔腾而下，形成几十个小瀑布，而其中一些特别凸出的被江户居民选为“七级瀑布”，以此表明它们是其中的佼佼者。王子瀑布就是“七级瀑布”的成员之一，它以其传说中的治疗效果以及风景的魅力而闻名江户。这个传说是有关一个小女孩在瀑布下裸体祈祷了 100 天，希望她的父亲能被治愈的故事，在故事的结尾，她的愿望实现了。因此附近的很多人慕名而来在瀑布下进行沐浴，以祈祷健康。在画面中，有一个赤裸背影的老年男子正缓缓地在水中走向瀑布，而在岸边，已经沐浴过的另一个老年男子身着浴衣正悠闲地准备喝旁边女子递上来的茶，两个前来赏景的身着和服的女子则与他们形成了有趣的对比。广重将瀑布处理成一段整体的色块，利用深蓝色与浅蓝色的对比来传达瀑布的色彩变化，极其抽象，非常精彩。

巳七
改
名所江戸百景
王子不動之瀧
廣重画
下谷魚栄

夏部

赤坂桐畑

1856—1859 年

来自九州北部福冈封地的封建领主黑田东彦在自己位于江户的庄园里种满了泡桐树，这个庄园也因此被称为“泡桐花园”，这件作品就是对这个美丽庄园的描绘。炎热的夏日并不是泡桐花盛开的时节，因此画面集中表现了树木的葱郁和翠绿以及与水景的相互映衬，而并非是开花时节的盛况。画家安排了距离庄园中住宅较远的视角，并在画面前景中安排了两株泡桐树的特写，灰棕色的树干与绿色的树叶构成了树木的色调，这与棕色的土地、碧绿的草地以及灰蓝色的天空一起实现了色彩对应，优雅而不急躁。画面中部大片的池塘上散落着荷叶，而池塘岸边画面远景中则是庄园住宅以及大片的泡桐树，泡桐树与山坡上的草木一起让山坡晕染成一片盛夏色彩。池塘的另一部分岸边属于喜三野寺，但佛龛因为处在山的背面所以并没有进入到画面的描绘范围，泡桐庄园与喜三野寺是这附近夏日的赏玩佳地。

名所江戸百景
赤坂
桐畑
廣重画
下谷
魚栄

夏部

夜雨在泡桐花园在赤坂

1856—1859 年

江户城堡的赤坂门属于强大的李大名家族，许多行人在倾盆大雨中沿着两旁的泡桐池塘奔跑。他们的蓝、红、黄三色的衣服，与两岸的绿色相结合，产生了一种炫目的效果，与背景的灰黑色形成对比，在那里，可以隐约看到沿着陡峭的道路向上的人们。这幅版画通常不包括在江户百景里，虽然它有相同的系列标题。这幅画是广重为泡桐花园制作的。

名所江戸百景
赤坂桐畑雨中夕けい
二世 廣重画
下谷 魚栄

050 · 夏部

增上寺塔赤羽根

1856—1859

增上寺是位于现今日本东京都港区芝公园的一座净土宗寺院，山号为三缘山，正式的全名为三缘山广度院增上寺，也是江户幕府德川家的灵庙之一。增上寺的前身是由空海的弟子，也是入唐八家之一的宗睿创建于武藏国的贝冢，相当于现在的千代田区及纪尾井町一带，原寺名为光明寺，属于真言宗的寺庙。明德 4 年（1393 年）由净土宗八祖圣聪上人入主，改为净土宗，并改寺名为增上寺。画面选取了增上寺主殿作为主要描绘对象，两层高的红色主殿在绿色树木的映衬下越发显得色彩壮丽，高耸巍峨。与主殿遥相呼应的是斜对面的瞭望塔，这是江户最高的瞭望塔，位于九州大名有岛设在江户的庄园内，因此广重在两座建筑中间添上了一些云雾，以此来夸张的表示瞭望塔的高度。这个大名的庄园异常宏大，因此正面的庄园围墙在画面中延伸的很长，周围的空地上种植着植被，起到保护庄园、防患火灾等作用。在云雾中，我们可以看到有 6 个塔尖，这来自当时著名的苏腾祠，这是一个以保佑安产而闻名的神社。整件作品用红色的大殿、绿色的树木以及黄色的土地一起构建了一个夏日色彩绚烂的瞬间，既有来自神明的震撼，又有来自俗世的艳丽，这让整件作品看起来生机勃勃。

名所江戸百景
増上寺塔赤羽根
広重画
下谷
魚栄

夏部

佃岛住吉之祭

1856—1859 年

尽管是描绘祭祀庆典的作品，但广重并没有选择庆典中最热闹的环节来进行描绘，反而将重点放在了一面祭祀用的幡旗上。这种旗子是为了感谢为神社进行捐赠的人们而特设的，白色的旗帜上印有捐赠人的姓名，会作为装饰的一部分跟随着整个庆典，以确保捐赠人可以接受神明的眷佑和祝福。这一面旗帜上书有“住友大名金”的字眼，这是对神社的尊称，而这行字眼下方则是捐赠者的姓名。画面远景处才是祭祀队伍的主要部分，它们看起来华丽而喧闹，中间一顶巨大的轿子上装饰着象征神社的凤凰，在一群年轻人的簇拥下缓慢的经过筑波岛周围的浅滩，前方是队伍的重点——海岸东北段的神社。

安政四丁巳六月吉日
佃島氏子中
下谷魚栄

夏部

深川万年桥

1856—1859 年

万年桥是深川和隅田川交汇处建造的桥梁。据说，在海平面较低的深川市，要增加河流两侧的河堤石块数量，以防止洪水泛滥。这座桥建在石头上，从画面中看起来是一个非常高的位置。桥的曲线非常美丽，是利用了中国的拱桥技术建造的。在江户时代，深川在隅田川的东侧，由于是新兴地区，有一个自由的市场气氛，是一个充满活力的城市，新的东西越来越多，万年桥上人们来来往往，桥下的市民悠闲地在河边钓鱼，渔船装满货物在水面穿梭。在这幅作品中，乍一看可能会忽略富士山，但是有趣的是，画面前景漂浮在河里的渔船的船艄指向了富士山。

名所江戸百景
深川萬年橋
廣重画
下谷魚栄

夏部

大桥安宅之夕立

1856—1859 年

为了让来势汹汹的大雨更加生动，广重采用了相当夸张的手法，但起到了极好的写实效果。乌云下的雨幕被他用各种纵横交错的线条描绘出来，乍看杂乱实际则极为震撼，让人立刻可以感受到狂风暴雨的冲击。雨幕下是长长的木桥，上面的行人们尽量佝偻着身体试图躲避雨滴和风，他们的行动看起来如此的艰难，让我们不难体会到风雨中的狂乱，雷声的轰鸣似乎都已经冲到了我们的耳边。河面上有一个孤独的木筏，船夫正尽力撑着桨，让木筏和自己在大雨中的河面上保持平衡。画面的雨幕支撑起了整个画面的基调，让它后面的景象无需太多强调就可以轻松地刻画出环境下的自然状态，背景天空中的灰色与深蓝色的使用则更多的为雨幕的存在提供了必要的补充说明，那阴暗的天色，正是暴风雨时候的状态。这件作品是被几乎所有的艺术评论家认可的精彩作品，凡高也曾根据这件作品创作了一件油画作品《雨中的桥》。

名所江戸百景
大はしあたけの夕立
下谷
魚栄

夏部

两国桥大川端

1856—1859 年

作品用强烈的对角线的方式来描绘了具有纪念意义的两国桥，这座大桥横亘在河的两岸，密密麻麻的木制桥墩支撑起了这座大木桥，看起来坚固而牢靠。在桥的两端都是人群密集的商业场所，左边河岸的商铺以茶摊为主，它们紧密地排列在一起，人群在其中穿梭，自然有一番热闹场景，而另外一边的河岸则以饭店和娱乐场所为主，广重并未对它们中间的游客进行着墨，而是仅仅描绘了这些建筑的屋顶，它们整齐地挨着，给人们自然的想象空间。这个桥所在的区域是东京都最热闹的地方，白日的繁忙与夜间的灯火通明都曾是日本的一个重要商业象征，但广重却用这样充满暗示与平静的手法对其进行了描绘，充分显现了他对热闹的场景的另一番与他人不同的思考方式。

名所江戸百景
両国橋
大川ばた
広重画
下谷
魚栄

夏部

浅草川首尾之松御厩河岸

1856—1859 年

画面选取了夜间河岸的情景，不同于白昼中运输物资而产生的繁华，夜晚的河岸上的繁华场景因为黑夜及星光的存在，而显得更加的璀璨及奢华。夜间游船载着行人们前往河对岸的浅草北部娱乐区，那里有各式各样的饭馆和烟花之地，画面前景中的游船的船头处并没有人，而是摆放着两双木屐，这暗示着船舱内的幽会，从船舱纸帘的剪影中我们也不难看到一个女子的背影。一棵被称为“成功之松”的松树上的枝条从画面左端探出来，高高的枝条与天空中点点的繁星构成了画面上部分的美好与绚烂，映衬着河面船上充满暗喻的情景，更让整幅画面增添了几分甜美而微妙的情色感。

名所江戸百景
浅草川首尾の松御厩河岸
廣重筆
下谷
魚栄

夏部

驹形堂吾嬬桥

1856—1859 年

驹形堂位于现今浅草寺附近不远处，是一所古老的神社，而吾嬬桥是现今日本的吾妻桥，当初得名于桥附近的吾嬬神社。画面选取了驹形堂的一角附近望出去的视角，吾嬬桥在画面的远端部分，尽管画名以这两处为主，但实际上它们却并没有占据画面的主要位置。它们围绕在蓝色的河水旁，河上散落着在雨中前行的小船们，一只孤独的小鸟出现在画面上方，与阴沉的云朵和四落的雨丝抗衡着，显得悲壮而有力量。这只小鸟暗喻了 17 世纪日本著名的交际花高丽，她被誉为歌舞伎中“悲剧女性”，其出众的才华与悲惨的命运一直为后人所赞叹惋惜。

名所江戸百景
駒形堂
吾嬬橋
廣重画
下谷
魚栄

夏部

堀切菖蒲园

1856—1859 年

广重为这件作品提供了一个类似偷瞄一般的视角，设置在鸢尾花丛底部的视角让眼前的鸢尾花有一种树木般的高大坚实感，削弱了花朵本身所带来的柔弱性。河对岸的花丛中有着正在赏花的人们，衣着华丽的女子们与头戴斗笠的男子们穿梭在花丛中，花的娇嫩与游人的闲情雅致交织在一起，让这个夏日的场景轻松而愉悦。在日本，鸢尾花是美好女性的象征，而广重让其与女子们同时出现在画面中，则让观众们更加的加深两者之间的联系，为两者互相增色。

名所江戸百景
堀切の花菖蒲
廣重画
下谷 魚栄

夏部

龟户天神社境内

1856—1859 年

这件作品描绘了著名的“鼓桥”，这是一座以中国桥设计模型为基础的桥梁，具有一个类似鼓边缘的夸张拱形，极具观赏性。广重选取了桥的一部分进行描绘，而并未在画面中完整的展示这个奇特的桥型。这是一个紫藤花盛开的时节，桥的周围到处是这种烂漫的紫色，尤其是河对岸，密密麻麻的紫藤花树下坐满了纳凉赏景的市民们，更远处的蓝色山峦身影填满了整座桥的拱形底部，既表明了山峦的巨大，又让整幅画面充满了蓝色的凉意，适当地减弱了花朵色彩带来的绚丽感，让画面多了几分平静。近景处的一束垂下的紫藤花，像是为画面设置了一个半遮掩的帷幕，让画面的构图显得更加生动有趣。

名所江戸百景
亀戸天神境内
廣重画
下谷
魚栄

夏部

逆井之渡

1856—1859 年

在江户以东的沼泽三角洲地区，栖息着一种美丽鸟类，这就是这件作品的主角——白鹭。在画面的前方，三只白鹭正站在河中的芦苇丛里，或低头觅食或远眺前方，而空中还有另外两只白鹭正从河岸边飞来。这些白鹭用笔简单，但却形象生动，寥寥数笔下的灵动性代表了画家对线条的掌控能力。远处的河岸上有着树丛和屋舍，更远处则是山峦和云层，透视关系被各种色彩的变化明确开来，区别于西方式的透视手法，这种极其平面的透视手法非常的简单却有效，给人以更广阔的思考空间。在日本的夏季，白鹭很少出现，因此这幅画更多的可能来自于画家的想象，而非现实。

名所江戸百景
逆井のわたし
廣重画
下谷 魚栄

夏部

深川八梦山光

1856—1859 年

作品描绘了江户地区著名的寺庙花园之一。一到初夏，这里开满了火红的杜鹃花与粉红色的樱花，与寺庙中绿色的植被及蓝色的池塘相映成趣，构成了一幅夏日的多彩美景。市民们在花园中散步，观赏这难得的夏日美景。这个花园并不是全年向市民开放的，只有每年 4 月的第二十一天开始向公众开放一小段短暂的时间，这个时间是佛教大师弘法大师举行纪念仪式的日子。尽管存在杜鹃花与樱花同时盛开的壮景，但这种盛况可能几年才能出现一次，因此这件作品更显难得。

名所江戸百景
深川八まん山ひらき
廣重画
下谷 魚栄

夏部

中川口

1856—1859 年

画面描绘了两道河流交汇的地方，三岔水流看起来壮阔美丽，在奥纳吉河与中川河的交汇带给了这里交通枢纽的地位，交汇后的水流向了江户湾。画面上方用非常夸张的手法描绘了奥纳吉河的壮阔，它似乎从天上而来，带着船只奔流之下，而画面下方的中川河则显得平静许多，满载着游客的小船从下方驶入，河面碧波荡漾，一派悠然自得。左下方的黄色屋顶下是幕府检查站，用来密切的监控水道，但随着和平时代的来临，这种检查程序日益简化成为一种形式。直到今日，有关这个检查站的遗址仍然存在，成为了那个时代的一种记忆。

名所江戸百景
中川口
広重画
下谷
魚栄

夏部

利根川点点松

1856—1859 年

画面选取了一个渔网背后的视角作为观众望去的方向，在这个不大的撑开的渔网前方，我们可以看到在渔网网格半遮掩下的船帆和河面，新奇有趣。利根川的河中盛产鲤鱼，是渔夫们丰收的地方，而与渔夫一样抱有“捕食”目的的还有从空中飞来的白鹭，它们俯冲而下，即将探头进入水中，期待靠这一下的冲击捕获一条肥美的鲤鱼。这件作品中最精彩的部分无疑来自这个画面前方的渔网，这种错综复杂的网格结构落实在木刻版画上时对技术提出了极大的要求，而广重出色的线条则表明了他对浮世绘技术的极高驾驭能力，让人叹为观止。

名所江戸百景
利根川ばらばらまつ
廣重画
下谷
魚栄

夏部

八见之桥

1856—1859 年

八见之桥是江户最繁忙的一座桥，但广重并没有将重点放在对桥的繁忙程度的描绘上，反而是将画面的重点放在了一株距离桥很远位置的垂柳上。在前景中，这株柳树枝叶繁茂、生机勃勃，还有两只燕子朝着柳树飞来，一派夏日绿树鸟鸣的悠然自得。而点题的桥则被放置在画面较远的位置中，走在桥上的行人脚步匆匆，可见这是一架承接着江户人民日常生活的桥梁，柳树与桥之间的河面上船夫们正撑着竿划过，与桥上的人们相呼应。画面最远端的蓝色天空下富士山正安静的矗立，在夏日失去了山顶积雪的富士山此刻看起来更加的平易近人，与前景中的一切都那么契合，仿佛在夏日，一切都失去了锐利的锋芒，变得亲切可人起来。

名所江戸百景
八ツ見乃はし
廣重画
下谷
魚栄

夏部

水道桥骏河台

1856—1859 年

三条巨大、夸张的鲤鱼旗架在高耸的旗杆上，在城市的上空飘扬，最靠近画面前景的那一个以一种强大的压迫的气势占据了画面的大部分。在日本，鲤鱼被认为是勇气、力量和耐力的象征，因此在日本每年的五月第五天的男孩节上，鲤鱼旗都会作为节日的象征出现在日本的大街小巷中，它们承载着人们对这个国家的男孩子们的期待，希望这些被祝福的六七岁的男孩们能够成长为具有男子气概的男孩子。飘扬的鲤鱼旗被广重塑造得非常灵动，风吹拂过鱼尾让它翘起的角度也表现的恰如其分，而背景中的富士山与夏日里的各种生机勃勃的植物，更让画面看起来充满朝气和希望。

名所江戸百景
水道橋駿河臺
廣重画
下谷 魚栄

夏部

角筈熊野十二社俗称十二社

1856—1859 年

在江户时代晚期，熊野地区依靠强大的神社灵力以及绝美的山川风景在日本广为人知，熊野三山也成为朝拜者的圣地。广重选取了山顶的视角，从上往下俯瞰，一大片池塘水面映入眼中，深蓝色的池塘与天空的颜色一致，是晴朗天气里特有的美好风景。池塘岸边搭好了凉棚，有行人坐在里面喝茶赏景。半掩在画面底端的是一家饭馆，精致的屋顶表明了这是一处高档的场所，也从侧面证明了这个地方所具有的人气。一些高大的树木散布在对岸，与远处的山峰间有着淡黄色的云雾缭绕。在熊野地区，山高空气湿润，常常会有各种云雾出现，越发让这个地区显得轻灵有仙气，广重利用略显娇艳的淡黄色来描绘，既增加了与背景的对比度，又让云雾看起来更加飘逸，显示了其对色彩的驾驭能力。

名所江戸百景
角筈熊野十二社
俗称十二そう

夏部

糀町一丁目山王祭练込

1856—1859 年

作品描绘了三神社节的时候，表演祭祀节目的游行队伍，穿过市中心的小岛町区进入到江户城堡中。这是一个庞大的表演团队，由 50 多辆装饰豪华的大型祭祀花车组成，其中最重要的那辆在训诫鼓上方站着祭司。他身着狩衣，配着刀，威严庄重，参加祭祀的市民们则伴随着花车的鼓声一起向着城堡前进，这让整个祭祀队伍看起来庞大，人声鼎沸。画面前景选取了表演队伍末端的一个成员，让观众的视线聚焦在这个祭祀花车所载着的一只训诫鼓，一只白色的羽毛的公鸡站在这个鼓上，这是一辆典型的祭祀花车，与其他那些花车一起簇拥着主花车前进。城堡就在前方，而夏日最重要的一场祭典即将开始。

名所江戸百景
糀町一丁目 山王祭ねり込
廣重画

夏部

外樱田弁庆堀糀町

1856—1859 年

在这件作品中，广重利用对幕府将军城堡内的建筑物及环境描绘，巧妙地暗示了幕府将军与属下的权力关系。将军的城堡在画面中延伸，看起来巨大广阔，护城河则围绕着它蜿蜒的流向了画面的尽头，这条护城河是城堡的内护城河。画面左上角的红色大门处是幕府将军的政治顾问居住的地方，他与将军的关系亲密，因此作为将军的守护者之一，居住在城堡内将军府邸的前方。护城河岸边有一个以一次性使用三个水桶来打水而闻名的大水井“樱桃井”，因此有不少人围在这里，等待着打水，画面前方也有三三两两的人向着将军的府邸走去。真正的将军宅邸掩映在画面的深处，因为视角的缘故，甚至都没有那么的起眼，但也正是因为将军身份的重要性，因此，宅邸位于城堡深处自然也就不难理解。

名所江戸百景
外桜田弁慶堀糀町
廣重画
下谷魚栄

夏部

三叉别之渊

1856—1859 年

画面中间部分，宽阔的河面上有一座小岛“中津岛”，这是 18 世纪 70 年代被建造起来的人工小岛。这个岛渐渐的变成了江户的娱乐中心，有各式各样的饭馆、茶室和温泉浴所等，但 1789 年这些娱乐设施被毁，小岛逐渐被荒废，覆满了芦苇，一派萧条。有不少帆船在河面、小岛周围行驶着，船夫们卖力地摇着桨，希望尽快的将载满物资的帆船运送到河岸上去，一派辛勤劳作的场景。画面远景中的富士山被处理成白色灰顶的山峰，与以往浮世绘中的富士山形象多有不同，红色云雾围绕在山脚下，这种极度夸张的手法旨在凸显富士山这个日本最著名的山峰的雄伟与壮阔。

名所江戸百景
三つまたわかれの淵
広重画
下谷
魚栄

夏部

浅草川大川端宫户川

1856—1859 年

这件作品描绘了河面的祭祀活动,选取了从浅草川桥上往北眺望的视角来绘画。在桥的前方是宽阔的水面，水面上是祭祀庆典所用的船只，其中一艘上站着主持庆典的祭司神官，他站立在船头附近，正面向河水进行祷告仪式，而在他身后则坐着众多参与祭祀的人员，他们举着祈祷用的道具，巨大的道具上插满了白色的纸条，而同样的道具也出现在画面的前景中，这表明画面中没有描绘到的部分也是一艘祭祀用小船，同样坐满了朝圣者和神官。这个小船队的船头方向表明了他们这是已经结束了对圣山的朝拜之旅，正往神社返回。

巳七
改
名所江戸百景
浅草川 大川端 宮戸川
廣重筆
下谷 魚栄

夏部

绫濑川钟渊

1856—1859 年

在日本的鬼怪传说中，钟之渊总与鬼神出没不无关系，而这个处在江户地区的“钟之渊”则是一汪充满神秘色彩的池塘，岸边的合欢花树上盛开着粉色的花朵，这是初夏的象征。一个青年船夫撑着竿站在小木筏上远眺着绫濑川的方向，这处钟之渊下并没有什么鬼怪，水面平静，有一种夏日午后特有的静谧感。远处地平线所透露出的红色晚霞，则暗示着漫长的午后即将结束，白日的劳作即将告一段落，夜晚将会来临，平静的水面下也许正酝酿着不安的情绪，这就与画面的整体安静感形成了有趣的对比，留给了观众特别多的想象空间。

名所江戸百景
下谷
魚栄

夏部

五百罗汉蝾螺堂

1856—1859 年

作品选取了“三朝殿”旁的一座高层建筑上方作为视角，仿佛从这个地方望出去，旁边就是金光熠熠的黄色建筑“三朝殿”。这个建筑是朝圣者打造的圣地，据说在这所三层高建筑内朝拜时所获取的能量是通常朝拜行为的三倍，这个建筑也因此得名。而在建筑内部，其实每一层分别有来自日本西部、关东平原和埼玉县的著名的 33 尊观音雕像的复制品。从底层往楼顶走，每一层的参拜之后，朝拜者可以来到顶层，远眺美景。前方是广袤的土地和屋舍，夏日的生机被大片的绿色渲染得更加的健康与积极，正如这些朝拜者所期待的一样，一切都充满着希望与活力。

名所江戸百景
羅漢さゞゐ堂
廣重画
下谷
魚栄

夏部

深川三十三间堂

1856—1859 年

深川三十三间堂始建于 1642 年，建筑物全长超过 120 米，是仿照京都 12 世纪的三十三间堂而建成的。京都的三十三间堂中陈列着 1000 尊佛教雕像，但江户的这个仿制建筑中并没有安放这么多。在广重的这件作品中，他只选取了建筑物的一部分来进行描绘，暗示了这座建筑的巨大性，留给了观众很多想象的空间。三十三间堂斜斜的被描绘在画面的中下部分，红色的木制门整齐的排列着，让这个建筑看起来非常的华丽与震撼。建筑将画面分为两个部分，它的外围是广阔的河面，岸边有着茶摊，供行人们小憩，而三十三间堂的内院里，则有人在空地上研习射箭，这些内外的活动因为三十三间堂的间隔而显得更加分明。

名所江戸百景
深川三十三間堂
下谷
魚栄

夏部

羽田之渡辩天之社

1856—1859 年

摇橹的船夫的部分身体被当作视角望出去所看到的第一个物体，瘦削但充满力量，这是一种常年劳作下的身体特写。画家利用船橹与船身之间的空间来描绘前方的景物，远处的河岸上树丛中有一座神社，这里供奉着象征文学与音乐的神明，再远处则有一座灯塔，提醒着河上船夫们注意河口的沙洲。远方地平线上的薄薄红光让画面的尽头看起来绮丽无比，映衬着蓝色的天空，越发显得红色娇艳、蓝色明媚。

名所江戸百景
はねたのわたし
辨天の社
廣重画
下谷
魚栄

秋部

秋部

市中繁荣七夕节

1856—1859 年

七夕节每年在旧历的七月初七举行，这是源于中国古代传说的节日。相传在这一天织女会渡过银河，与心爱的牛郎相会，厮守一天再分开，继续期盼来年的七夕。这个节日传入日本后，到江户时代晚期，就已经发展成为一个会举行大型庆典的重要节日。在这件作品中，竹子上被挂满了各种彩色的写满了祈福话语的纸条，它们与其他装饰物一起在风中飘扬，与绿色的竹子相得益彰，灿烂美丽，充满着节日的欢乐气氛。仔细辨认竹子上悬挂的装饰物，它们有着各种各样的形状，有的是鱼，有的是西瓜，有的是葫芦又或是算盘、账簿等，这代表着各行各业的人们对自己工作的良好愿景。远处的富士山在这些节日庆典装饰后若隐若现，弱化了它的雄伟和壮丽感，增添了几分节日的轻松与美好，反倒散发出一种别样的美感。尽管这件作品并没有指明这是对江户哪个地区的描绘，但整件作品用色大胆、明快，具有极强的装饰性，充满着私人的审美品位。

名所江戸百景
市中繁栄七夕祭
広重画
下谷
魚栄

秋部

大传马町吴服店

1856—1859 年

在大传马町上，醒目的招牌是属于当时有名的吴服店（即和服店）。一群木匠身着节日的盛装正向着前方走来，为首的是他们的“领袖”，他手持节日庆祝用的长杆装饰物，稻草扎成的圆环被顶在最上端，底部缀着长长的丝带，他身上的服饰也与队伍中其他人有所不同，昂贵的紫色和服象征着他的身份和地位。跟在他身后的木匠们，有人举着木头制成的其他装饰物，寄托着他们对木匠生意的祝福和美好愿景。此次游行的目的地将是领头人的家中，等到了目的地后，庆典仪式就宣告结束，随后大家将会饮酒作乐，作为对自己一年辛勤劳动的慰劳。江户是一个以木制建筑为主的城市，木匠作为城市建设者的一员，有着不可取代的重要作用。画面中的大传马町描绘有着对江户地区的真实写照，繁华的街道暗示了木匠们的贡献，左上角的商店招牌上写着“现金支付，价格如标”，这是早在 1683 年就开始实行的做法，意在打破买卖双方传统的不平等的阶级关系，让买卖双方自由平等。

名所江戸百景
大伝馬町
ごふく店
呉服太物類
大丸屋
廣重画
下谷
魚栄

秋部

神田紺屋町

1856—1859 年

在广重描绘江户的诸多作品中，这幅版画是展现他高超构图手法的杰作之一。在这件作品中，他运用了大量的物体和元素来对前景进行遮掩，意在突出处于后景中的幕府将军城堡，城堡中巨大的瞭望塔和城堡尖顶在树丛中隐约可见，尽管被处理的非常隐蔽，但却让人更加充满向往。前景中有大量的带着印花图案的布条在风中微微荡漾，这是一种以和服布料制成的织物，被切割成合适的宽度，用来作为窄毛巾或发带赠送给购买和服的客户，或者作为店铺宣传赠送给目标人群等。初秋正是人们采购秋冬和服的好时节，商户们正为此进行着各种提前准备。

名所江戸百景
神田紺屋町
廣重画
下谷魚栄

秋部

京桥竹河岸

1856—1859 年

在江户，竹子是一种重要的物资，可以用来当作建筑物材料、建造竹筏或者是当作装饰等，这件作品就集中展示了竹子存放地点——竹厂附近的场景。在画面左侧后方，数万根竹子被整齐地捆绑起来，排列立放着，密密麻麻让人震惊于它们数量的庞大。月光下的九石河和京竹桥散发着自然静谧的魅力，京竹桥、日本桥以及江户城堡大门外面的桥，是专属允许行人通往江户城堡的道路。京竹桥中心的石柱与月亮及桥下方的竹筏处在一条直线上，为画面进行了切割。左侧集中表现的是竹厂的情形，而右侧则用一群游行队伍来对夜晚进行了色彩点缀，这群游行的人群扛着各种装饰物，还有人提着灯笼，灯笼上写有“横河”的字样。横河是当时著名的雕版师，广重的很多版画都是由他来雕版，他的名字出现在这里，是画家做的一个细心而有趣的纪念。

名所江戸百景
京橋竹がし
廣重画
下谷 魚栄

秋部

铁炮洲稻荷桥凑神社

1856—1859 年

作品中，广重巧妙地利用前景中的两根货船桅杆为画面进行了构图分割，将画面分成了三个部分。左边的部分主要描绘了远景中的富士山和近景中的神社，河湖面上的小船，船夫们正在摇着橹，或运输物资或运载行人，一派忙碌的景象，而后方则是一排排的仓库和屋舍，这代表着江户的繁荣与富足。代表秋日的黄色与河水的蓝色相映成趣，加之密集的建筑部分，自然营造出一种属于秋天的收获景象。

名所江戸百景
鉄炮洲
稲荷橋
湊神社
廣重画
下谷
魚栄

秋部

铁炮洲筑地门迹

1856—1859 年

作品描绘了江户铁炮州和筑地附近的日常风景，占据画面主要位置的是大片的河水和河面上的各色船只，带有白色风帆和桅杆的船正在运送货物，而小一些的那些船则载着市民们通往他们的下一站。尽管河岸的树木看起来仍然郁郁葱葱，但从船夫的装束上我们不难看出，这已经是秋日时节，人们纷纷换上了长袖衣衫，抵御不经意间就飘来的丝丝寒意。树丛中掩映着一所著名寺庙，这所始建于 1617 年的寺庙曾位于浅草门以南，在毁于一场大火之后又重新选址于此重建。距离河岸较近的位置，也寄托着人们对寺庙安全的多番考虑，但这个寺庙最终还是在 1854 年毁于一场暴风雨。广重在创作这件作品的时候，这个寺庙正在重建，因此他描绘的这些风景大多出于审美的考量而非具体的事实，因此，画面看起来宁静美好，具有极强的装饰作用。

江戸百景餘興
鉄炮洲築地門跡
広重画
下谷 魚栄
巳七
改

秋部

芝神明增上寺

1856—1859 年

增上寺是现位于日本东京都港区芝公园的一座净土宗寺院，山号为三缘山，正式的全名为三缘山广度院增上寺。日本净土宗镇西派七个大本山其中之一，也是江户幕府德川家的灵庙之一。画面中，一群新出家的僧侣们在师兄的带领下走出寺庙，他们此行的目的是走向城市的繁华街道去化缘。他们的队伍井然有序，穿着统一，而与他们形成鲜明对比的是街上的另一群游客们，他们熙熙攘攘、神采飞扬地凑成一团，看起来无比的热闹。在背景中是在绿树掩映下的增上寺，这是一个仿中国古代寺庙的建筑群，独特而优美，散发着来自古老时代的魅力。

江戸百景餘興
芝神明増上寺
廣重画
下谷魚栄

秋部

金杉桥芝浦

1856—1859 年

一列游行朝拜的队伍正穿过金杉桥前往池见弘本寺，池见弘本寺每年会为自己的创始人池见弘本举行纪念仪式，吸引大量的市民参加。画面就集中表现了这个在 10 月 13 日初秋举行的仪式前夕附近金杉桥上的情形。人们高举着旗杆，上面悬挂着带有日本日仁佛教学校的会徽或者写有“一天四海，皆归妙法”的旗子。尽管主题以桥为主，但广重并没有将描绘的重点放在桥上，他用拥挤的朝拜队伍、露出一角的桥栏杆和远处的河水来暗示了他们脚下的桥的存在。河面上有着几尾小船，白色的船帆配上蓝色的河水，宁静而平和，与前方喧闹的游行形成了明显的对比。

名所江戸百景
金杉橋
芝浦
一天四海
皆帰妙法
江戸講中
廣重筆

秋部

高轮牛町

1856—1859 年

广重并不喜欢对称的构图，这体现在他很多的作品中，这件作品也是如此。他将点题的“车轮”放置在画面的右侧，并占据了右侧的大部分位置，这让这个车轮看起来如此的迫近，充满压迫感与力量感。车轮代表着马车或者牛车，这是只有贵族和社会精英才可以使用的交通工具，而车轮旁边有两只猫在嬉戏，地上还有随意扔着的西瓜皮和草鞋，这暗示着这个马车在这里已经停留了很久，而且西瓜这种存在于夏天的水果出现在秋日的部分，则更暗示了马车主人的身份高贵，能够消费这样昂贵的水果。远处的河面与帆船，优雅而安宁，与前景的暗示性画面形成了非常有趣的呼应。

名所江戸百景
高輪うしまち
廣重画
下谷
魚栄

秋部

月之岬

1856—1859 年

透过神奈川县一间艺伎院敞开的推拉门，我们看到了江户湾。秋天的天空中的月亮大而明亮，江户湾并没有因为夜幕的降临变得萧条，仍然承载着各种小船帆，看起来不失忙碌，鸟群在天空和水面之间飞过，更为背景增添了几分动感。而在艺伎的房间里，吃剩的食物随意的摆放在榻榻米上，这暗示着夜深人静，客人已经离开。一个艺伎正在纸门后，三味线放在她的身边，她结束了一天的工作，正准备休息，左前方的纸门后另一个艺伎的站立的剪影则表明她正打算离开这个房间。欢愉过后，一切归于宁静，尽管外面依旧有着劳作的气息，但月夜下，房间要回到本来的模样了。

名所江戸百景
月乃岬
廣重画
下谷
魚栄

秋部

品川洲崎

1856—1859 年

画面选取了鸟瞰江户湾的一个视角向远处望去，江户湾宽阔的水面上点点白帆，尽管着墨不多，却生动有趣。水平线与天空交汇的交汇处，泛红的光线暗示着太阳已经落山，夜幕即将降临，城市的夜生活也将开始上演。画面左下角前景处的明亮灯光暗示了这是一家娱乐场所，夜晚的歌舞升平将会在这里喧闹上演，而它的不远处则有一所神社，红色的鸟居点缀在一片翠绿中，看起来异常的醒目。广重将画面安排的疏松有致，画面看起来令人心旷神怡，不至于太过饱满而显得局促。

名所江戸百景
品川すさき
廣重画
下谷
魚栄

秋部

目黑爷爷茶屋

1856—1859 年

尽管题为茶屋，但仍是按照广重以往的作风，重点表现的是茶屋附近的风景。画面前方是小山丘上的三株高耸的松树，它们伸展的枝丫占据了画面左侧的大部分，尽管略有夸张但却不会让它们在画面中显得突兀，这得益于广重极其扎实的写实功底。画面中间部分是大片的稻田，金黄的颜色预示着丰收季节即将到来。在画面的远端，白色的富士山也带有一丝秋意，仿佛再过不久皑皑白雪就要降临。回到画面的右前方，点题的茶屋就被放置在画面的右下角，它附近的树木已经不再是一片翠绿色，树叶显得稀疏，这暗示着江户百景系列进行到这里，已经不再是初秋的风景，接下来的系列将会展现给观众更浓厚的秋日风景。

名所江戸百景
目黒爺々が茶屋
廣重画
下谷 魚栄

秋部

纪之国坂赤坂溜池远景

1856—1859 年

一群做武士打扮的男子们昂首挺胸、列队整齐地走在江户城城堡西南面的护城河边。带头的男子的外套颜色与后面的人们不同，单独的色彩和领头的位置都表明了他的身份和地位，而外套上印着的族徽则代表他是某个领主的重要属下。族徽代表着武士阶层的精神和地位，对他们来讲是非常重要的标志。在日本传统中，对武士的描绘都是较为夸张及严肃的，广重这件作品也不例外，仅仅是从他们的面部表情都可以感受到他们的坚毅与勇敢。武士的队伍很长，暗示着他们的庞大力量，这对一个领主而言，是非常重要的保障。

名所江戸百景
紀乃国坂
赤坂溜池
遠景
廣重画
下谷
魚栄

秋部

四谷内藤新宿

1856—1859 年

广重为这件作品安排了一个非常低的视角，向远方望去。最先看出去的是几匹马的马腿、马蹄和缠绕在马蹄上的麻绳，几粒马粪球散落在它们的身体下，这暗示了它们已经等在此地有段时间了。在马匹的前方则有马夫站立的双腿，裹在蓝色的长裤中，有趣的是他与马匹一样，穿着麻绳制成的鞋子。再往前看去，则是热闹的新宿商业街，这时候的新宿是一个半官方的娱乐场所集中地。马匹与马夫也许就正在等待着在寻欢作乐的主人归来，而太阳才刚刚要落下，他们可能还要等待许久。

名所江戸百景
四ツ谷内藤新宿
廣重画
下谷 魚栄
巳七
改

秋部

井之头之池辩天之社

1856—1859 年

这件作品运用了一种类似描绘景观地图的手法来对风景进行了再现，尽管我们知道这可能是画家夸张后的风景，但由于这样的表现手法而让这件作品看起来异常真实而美妙。在画面前景中，弁天神社被安置在了左下角的位置，端正的对着画面的正前方，这是一座历史悠久的古老神社，正对着河流，神社前有小桥连接着神社与对岸，神社所在的岸边如同一个世外桃源，松柏围绕在神社周围，安静优雅，远处飞来的大雁则更为这种优雅又增添了几分。画面中部则表现了宽阔的河面与河水中的小浅滩，它们被芦苇和树木所覆盖，可以看到尽管树木等仍然是绿色的，但这些绿色已经与夏天部分绿色有所不同，它们变得沉重，而青草的颜色也变得微微泛黄，这是秋天到来的标志。画面远端则描绘了远处的山峦，它们被云雾萦绕着，此时画面变得夸张，颜色也从简单清淡变得浓墨重彩，完成了从前端到远端的完美过渡，让画面层次感十足。

名所江戸百景
井の頭の池弁天の社
廣重筆
下谷
魚栄

秋部

王子泷之川

1856—1859 年

大寺地区最为人所知的风景就是秋日里开满山坡的枫叶，枫树是由第八代幕府将军德川家康（1684—1751 年）在 1730 年下令种植的，开放给一般民众供他们游玩欣赏。在这件作品中，秋意尚未全面铺满，枫叶也只红了一部分，画面前景中的小河中还有游人赤裸着身体在接受着瀑布的洗刷，期待可以达到被疗愈的效果。在山丘的脚下山洞中隐藏着一个神社，但广重并未将其画出来，而是用一个鸟居来暗示了这个神社的存在，神社属于松本寺建筑群的一部分，寺庙在山上，被安置在了画面的右上方红叶后。这是一幅画面较“满”的作品，留白的任务由淡蓝色的河水所承担，既为画面进行了调节，也在画面构图上起到了重要的作用。

名所江戸百景
王子瀧の川
廣重画
下谷
魚栄

秋部

上野山内月之松

1856—1859 年

在江户，松树有着独特的地位和象征意义，它们常年翠绿且能存活很长时间，因此变成了渴望长寿的人们的寄托。人们通常会为一些漂亮而独特的松树进行命名，而这件作品中的松树就有着自己的名字——月之松。如同它的名字一般，这棵松树的一条枝杈有一个近乎圆形的弯曲弧度，从某个角度看来，它如同满月一般，而满月所承载的完满之意更是当时人们所喜爱的寓意。这棵月之松是江户时代非常有名的松树，到 20 世纪的时候，日本还有评论文章将它称为“绳松”，这意味着它在另外的角度来看，就如同一个绳盘一般。这棵松树占据了画面的大部分位置，被这个枝杈环绕成的圆形圈出的后面的风景则是一片密集的屋舍，从这个圆望过去，更有一种繁荣兴旺的感觉。松树的右下方则有一座寺庙，红色的庙顶是一片绿色蓝色中的点睛之笔，所以尽管寺庙被处理的很隐蔽，也仍然显得异常耀眼。

名所江戸百景
上野山内 月のまつ
廣重画
下谷 魚栄

秋部

猿若町夜之景

1856—1859 年

猿若町是当时江户有名的戏院之街，其中著名的江户木偶戏剧院就位于此，这件作品就是表现了这条街道的夜景。满月在秋夜的天空中显得格外耀眼，街道灯火通明，与月光一起照亮了夜晚，这是只属于黑夜的繁华。江户居民们熙熙攘攘地行走在这条街上，热闹非凡，夜晚是戏剧上演的时间，有些剧院门口站着身着统一服饰的服务人员，好戏马上开始，他们正在迎接顾客。可能因为木偶剧院正当红，广重在这件作品中为了配合这个剧院，特地将所有的居民刻画的有些类似木偶人像，看起来有些虚幻，真假不明，让这个黑夜里的热闹也平添了几分迷茫。

名所江戸百景
廣重画
下谷
魚栄

秋部

请地秋叶之境内

1856—1859 年

与之前的另一幅描绘红叶的作品《王子瀑布》相比，这一件作品中的红叶随着秋日时间的推移，颜色更加夺目、绚烂，正表明了作品系列进展到此时，已经进入秋意浓的时节。尽管红叶其实是画面的点题之物，但广重依旧让画面为红叶之外的其他景色所占据主要位置，这符合东方美学的一贯传统和色彩。蓝色的河流在画面中央部分由上而下蜿蜒曲折，红叶的颜色也由远及近的由深变浅，从浓重的深红到中段灿烂的红色再到近景中的浅粉色，为画面构成了一种循序渐进的美感。左下角有一截茶棚露出，茶棚下有个摊开画具正在描画对岸树木的和尚。据艺术史学家猜测，这可能就是广重本人。

名所江戸百景
請地秋葉の境内
広重画
下谷魚栄

秋部

木母寺内川御前栽畑

1856—1859 年

木母寺位于现今的东京都墨田区。这是一所天台宗寺院，始建于 976 年，十分古老。1590 年，德川家康下令在寺庙所在的山上种下了柳树和梅树，因此这个山也被称为梅柳山，而寺庙也因为一个梅若冢的传说而在江户居民中变得更加有名，继而成为一个游玩的圣地。在这件作品中，广重并未对寺庙进行描绘，只是用河岸旁边的梅树暗示了这就已经马上要进入寺庙的范围。前景中的建筑物是一家饭馆，以芋头和蛤蜊菜肴闻名江户。此时，船靠岸，从上面走下来两位身着昂贵和服的女子，正迈步走向饭馆。这个晴朗的凉爽秋日，正是赏景游玩的好时节。

名所江戸百景
木母寺内川御前栽畑
廣重画
下谷
魚栄

秋部

新宿之渡

1856—1859 年

这件作品并未将重点放在对新宿这个热闹场所的描绘上，而是别出心裁选取了夜晚新宿渡口的一角来暗示整个新宿的繁华。远处彩色云雾缭绕中的山峦首先为画面奠定了一丝绮丽的光彩，远景被处理得非常的空旷与寂寥，这正与河对岸的新宿形成了对比。宽阔的河流上有入夜仍在工作的帆船经过，也有船在新宿的渡口停靠，行人们走下船，向着新宿的繁华处走去，河岸的不远处就有一家灯火通明的二层饭馆，二层打开的窗户边坐着两名女子，似乎在交谈着什么。广重利用这种巧妙的对比和构图，在并未对新宿进行大规模的描绘下，将新宿夜晚的热闹却完完整整地展现给了观众，点题而精彩。

巳七
改
名所江戸百景
にい宿のわたし
広重画
下谷
魚栄

秋部

真间之红叶手古那之社继桥

1856—1859 年

手古那神堂位于弘法寺内，是为传说中的女子手古那设置的灵堂。手古那是个美丽的女子，有很多男子想与她成婚，她自认无法满足所有人的需要，善良的她并不想伤害任何人，因此她最终选择了投海自尽。惋惜于此的人们建立了这个神堂，希望能够庇护她免于灾害和痛苦，后来这个神堂也就变成了江户居民的参拜的地方。画面选取了一株枫树后的视角，从树杈中间向远方看去，神社在视线的远处，深色的鸟居几乎与周围的景色融为一体，这也暗示了手古那当初的想法，她并不想那么与众不同，而是希望与其他人一样正常的生活。农舍与大片的树林在神社的对面，大片的黄色土地与前景中的枫叶一起表明了这是一个深秋的傍晚，更远处的群山则沐浴在晚霞中，红色的晚霞诡异绮丽。

名所江戸百景
真間の紅葉
手古那の社
継はし
広重画
下谷
魚栄

秋部

鸿之台利根川风景

1856—1859 年

鸿之台位于市川的高原，旁边就是陡峭的海岸线，站在鸿之台上可以俯瞰江户湾南部的风景。也因为此，它长期以来担任着重要的防御作用，也曾多次出现在有关江户的文章和画作中，其中 1841 年完成的英雄史诗《八狗传奇》中也提到了此地。在江户居民的心里，鸿之台也代表了英雄与正义，因此画面中的松柏等也就扮演着强调这种象征意义的角色。几名游客在松树下远眺海湾，不远处的海面上，船帆正在缓缓通过，慢慢驶向远方。对岸则是广阔的平原，与这一边的陡峭形成了对比，更远处的富士山在雾气腾腾中巍然而立，更显得高大雄伟，也与这边的鸿之台遥相呼应。

名所江戸百景
鴻の臺とね川風景
廣重画
下谷
魚栄

秋部

鸿之台利根川风景

1856—1859 年

在作品的前景中，广重描绘了一场充满生趣的捕鸟场景。河滩上，两个农夫将一张捕鸟网埋在沙子下，这样可以待毫无防备的鸟儿走入这片沙滩的时候，突然拉绳收网，将鸟擒住。远处的河岸两侧都有着大量的房舍，密密麻麻显得非常热闹、有生气，有农夫扛着农具走向房舍，晚归的他们即将迎来一日里最休闲的时刻。河水载着小船，一起向着江户湾的方向流去，画面的远方是巍峨的富士山，云雾在它与城市之间萦绕，似乎隔绝开了两个世界，一个是世俗的美好，而另外一个则是高冷庄严的神圣之地。

名所江戸百景
堀江ねこざね
廣重画
下谷魚栄

秋部

小奈木川五本松

1856—1859 年

小奈木川即现今的小名木川，是一条用来连接隅田川和旧中川的人工水道。它在德川家康的授意下建成，它的出现大大缩短了从江户湾北部到江户山口之间的水道距离，为水上货运提供了便利。在广重的这件作品中，利用松树下垂的树枝为画面设置了一道“帷幔”，营造出一种让风景慢慢展露的意境。河面上有一艘载满了市民的小船，这表明了这条水道的通航作用。河的左岸是一片热闹的景象，密集的房屋和人群，表明了这是一处商业和居民聚集区，而河的右岸则是一片园林，这暗示着附近有一所庄园或者寺庙的存在。

名所江戸百景
小奈木川五本まつ
広重画
下谷
魚栄

秋部

两国花火

1856—1859 年

1732 年，日本遭遇严重的饥荒与瘟疫，江户地区大批民众死亡。为了告慰亡灵，驱散恶灵，当时的幕府将军德川吉宗在第二年举行了“两国川花火大会”，在隅田川旁发射了 20 多发烟火。即便受到疾病与饥饿的煎熬，很多民众依然聚集到川边观看烟花，祈愿苦难早日结束。人们认为花火大会可以祭奠那些在疾病和饥荒中死去的亡灵，花火虽短暂，但还是给生活不易的人们带去了安慰。广重曾多次描绘过这一场景，在这件作品中，广重抓住了烟花在空中绽放，烟花弹顺风而下的瞬间。巨大而美好的烟花在黑夜中显得格外闪亮，而烟花弹则带着未燃尽的火光从空中慢慢落下，两个不同的走向与表现，形成了有趣的对比，充满动感。

名所江戸百景
両国花火
廣重画
下谷
魚栄

冬部

冬部

浅草金龙山

1856—1859 年

金龙山的浅草寺曾多次出现在广重的笔下，他用不同的季节与角度，反复描绘了这所直到现在都非常重要的寺庙。在这件作品中，他选取了寺庙门入口的角度向寺庙建筑群内部望去，白雪已经落下很厚的一层，覆盖在整个寺庙中，庙宇与树木都在白雪的掩映下变成了茫茫的一片，唯有红色的庙墙看起来格外醒目。雪珠还在不停的下落，而这丝毫没有阻挡参拜人群们的脚步，他们或单独一人，或三三两两结伴，都撑着油纸伞，穿着厚厚的衣服，缓慢的向着主殿走去，内心充满着如同这洁白的雪一样单纯、美好的愿景。

名所江戸百景
浅草金龍山
廣重画
下谷 魚栄

冬部

吉原日本堤

1856—1859 年

冬日夜晚的萧瑟挡不住吉原这个著名烟花之地的热闹，凋零的树木在没有灯光的时候看起来如此昏暗与衰败，这与河堤上成片的光亮形成了对比。这个河堤上布满了茶棚，每一个茶棚都代表着一家烟花场所，寻找热闹的客人们穿梭其中，寻找着自己心仪的茶棚，这意味着他们将会选中一家伎院，从而获取半宿的欢愉。广重将这些人脸刻意地隐去，这代表着即使是在半公开的认同中，这种寻欢的行为仍然是不被世人所太过接受的。但世俗的目光抵挡不住热闹的生意，在这样的夜晚中，密密麻麻的人们就如同天上的雁群一般，找寻着自己想要的方向。

名所江戸百景
よし原日本堤
広重画
下谷
魚栄

冬部

浅草田甫酉之町诣（从吉原伎楼望大鸟神社）

1856—1859 年

远处的富士山与红色的晚霞，表明了这件作品描绘的是一个黄昏时的场景，画面前景发生在吉原的伎楼上的一个房间中，画面只给出了房间的一角，却充满了各种暗示的细节。地上的几支发簪，表明房间的使用者此刻正在梳妆打扮，以便迎接夜晚客人的到来，窗户上趴着的白猫正在远眺，它的背影显得孤独而寂寥，仿佛暗示了那位姑娘一样孤单的心里。而窗台上的茶碗与毛巾则表明上一名顾客刚刚离开不久，他甚至可能赠送了一支发簪给这位姑娘。

名所江戸百景
浅草田甫酉の町詣
廣重画
下谷魚栄

冬部

蓑轮金杉三河岛

1856—1859 年

这是初冬的一天，树木上残存的树叶表明真正的寒冷尚未来临，远处的树木甚至还有深绿的颜色，坚挺着希望可以再撑一段时间。画面前景中，两只丹顶鹤正在各自嬉戏，一只俯冲而下，几乎要插到池塘中，也许它正在捕猎，而另外一只丹顶鹤则站立在池塘中，冲着前方鸣叫。这些丹顶鹤是三川岛的幕府将军每年的捕鹤活动中捕得的猎物，被圈养在此，有专门的人来看管，受到良好的待遇，以便之后作为外交礼物送给他人。我们可以看到在池塘的不远处，有一个挑着扁担的人，这正是为丹顶鹤送食的工人，正向着这边走来。

名所江戸百景
蓑輪 金杉 三河しま
廣重画
下谷 魚栄
巳七
改

冬部

千住大桥

1856—1859 年

千住大桥始建于 1594 年，是在德川家康选择江户作为自己的领地四年后建造的，它是江户地区第一架跨越河岸的大桥，而且工艺精湛，具有坚实的结构，也成为了日本存活时间最长的一座大桥。在这件作品中，广重并没有刻意表现大桥的宏伟，而是将注意力放在它的连接作用上，它连通了两岸，忙碌的行人穿梭于上。在桥下面的河面上，船只们正漂荡其上，点缀在单调的蓝色河面上，让画面看起来多了几番活泼之意。河岸边已经不再是德川家康当初建造大桥时的荒凉景象，树木草丛旁建造起了许多的房子，与前景中大桥上的行人们一起暗示了此地的繁荣。

名所江戸百景
千住乃大はし
廣重
下谷
魚栄

冬部

小梅堤

1856—1859 年

这是一个明媚的初冬的白日，已经干枯的树叶悬挂在枝头，在冬日的寒风到来之前继续点缀着树枝，仍有一些树木和草地是绿色的，这些混杂的色彩表明了寒冬尚有一些日子才能到来，现在仍是出行的好时节。河堤上三三两两的散落着几处房屋，有不少农民挑着扁担，正在辛勤的打拼，显得有些忙碌。而在画面的前景处，则是两位身着冬日和服的女子，她们头戴帽子，遮住了自己的头部，身上的服饰让我们知道她们的身份地位不同于那些正在劳作的人们。画面右下角有几个小孩正在嬉戏，他们全然不顾天气的影响，仍然身着夏装去感受户外新鲜的空气。孩子、身着和服的女子以及正在辛勤工作的人们正好将画面分隔成了三个部分，体现了广重在构图上的良苦用心。

名所江戸百景
小梅堤
廣重画
下谷
魚栄
巳七
改

冬部

御厩河岸

1856—1859 年

坐船穿过隅田川到达江户的各个地方，这是当时的一种普遍的交通出行方式。坐在小船上的乘客们还可以欣赏沿途漂亮的风景，渡船也成为当时一种极为重要的交通工具，日夜在隅田川上行驶。除了普通乘客，还有一种在夜间出没的妓女惯常会使用这样的交通工具往来于家与街头之间，这种只在夜间街头拉客的低等妓女被称为“夜鹰”，她们化着浓妆，身着深色的和服，具有非常鲜明的特色。广重的这件作品中，载着两个“夜鹰”的小船即将靠岸，河岸上的树叶凋零的柳树表明这是个冬日夜晚。夜鹰经常出现在日本文学艺术中，她们常常被赋予悲惨的形象，与冬日深深的联系在一起，突出了底层居民的痛苦与无奈。

名所江戸百景
御厩河岸
廣重画
下谷
魚栄

冬部

深川木场

1856—1859 年

这是一张用色较少，但极具装饰效果的版画，整件作品以白色为基调，营造了非常完美的冬日雪景气氛。雪已经持续下了一段时间，地面与房屋上到处都有着厚厚的积雪，不惧寒冷的鸟雀飞过，地上两只猫在近景处嬉戏，为安静的世界增添了几分活力。江户早期，木材是日常建筑常用的材料，木材厂也因此被安排在距离市中心较近的地方，但 1641 年的一场大火让木材毁于一旦，幕府下令将木材厂迁移到了深川地区。也许因为大雪的关系，广重笔下的木厂被没有日常的喧闹忙碌景象，而是人烟稀少，略有萧条，只有零星的两个工人在劳作。他们穿着草编的斗篷，头戴斗笠，抵御不断掉落的雪花。近景中地上一把落满雪花的纸伞，进一步表明这是一场突如其来的大雪，工厂也因此陷入了停滞的状态。

名所江戸百景
深川木場
廣重画
下谷
魚栄

冬部

深川州崎十万坪

1856—1859 年

冬日里的广阔田地都被白雪覆盖，远处的筑波山也在雪的笼罩下呈现出白茫茫的一片，为了突出表现深川州崎的辽阔，广重利用起起落落的白色将画面中部到远景处覆盖，看起来田地与筑波山都连成了一片，浩瀚无尽。单调的冬日雪景被前景中的一只猛禽打破，一只老鹰从天而降，目不转睛地直扑地面，面露凶光，张开的翅膀宽广有力，翅膀下露出了张开的利爪，这一切都表明它发现了猎物，做好了捕猎的准备。老鹰的这种凶猛动态与雪地的宁谧形成了鲜明的对比，让画面充满了冲突性，非常生动。

名所江戸百景
深川洲崎十万坪
廣重画
下谷
魚栄

冬部

芝浦之风景

1856—1859 年

芝浦运河是江户时代幕府下令建造的运河之一，承担着水路运输及防御的重要作用，这件作品就集中表达了这条运河某一段的独特河堤和风景。芝浦运河的堤坝被修建成整齐的三角形排列，构成了一个人造的崎岖河岸线，这为运河的防御功能提供了进一步的帮助，画面也通过这些三角形大小的变化来表达了画面的景深，让运河看起来悠远绵延。此时的河面一片风平浪静，大大小小的船只在上面航行，显得忙碌有序，近景中的鸟雀飞过，更为这种忙碌中增加了几番趣味。尽管沿岸的树木依然挂满绿叶，但船夫身上厚重的长衫还是透露出这是冬日里的场景，远处的山峦也已是被灰色覆盖，严寒冬日即将来临。

名所江戸百景
芝うら乃風景
廣重
下谷
魚栄

冬部

南品川鲛洲海岸

1856—1859 年

位于南品川的鲛洲湾被认为是日本最好的紫菜产地。每年秋天，渔民们会把树干、树枝等浸入沿岸的浅水湾中，这样海藻就会在树枝上附着生长并蔓延开来，到第二年春天，渔民们就可以收获到大量的紫菜。这件作品就是描绘了鲛洲湾一大片紫菜田中渔民们忙碌的场景，紫菜经过秋日的“播种”，如今已经渐成规模，渔民们穿着厚厚的冬衣摇着小船，穿梭其中，照看着它们，期待来年春天的好收成。海岸线蜿蜒曲折，一直伸向画面的尽头，筑波山在画面的远景处高耸伫立，云雾缭绕，与前景中的忙碌成为了两种状态的对比。

名所江戸百景
南品川鮫洲海岸
広重画
下谷
魚栄

冬部

千束之池袈裟悬松

1856—1859 年

传说本愿寺第八代莲如上人在旅途中停下来休息，将袈裟挂在河边的一株松树上，后来这棵松树也就被人们称为“袈裟悬松”。广重的这件作品就将这棵传说中的松树放置在了画面中间的醒目位置，这棵树位于千束池，这片水域宽广澄净，近景处的岸边有一座驿站，旅行的人们在这里歇脚、喝茶，这让画面前端显得有点热闹。对岸的袈裟悬松下有几个孩子在嬉戏，弱化了这棵松树的宗教意义，突出了它本身因为年代久远而具有的美感。只是它周围的栏杆及旁边的石碑又在提醒着我们这棵古老松树的终极意义，以及暗示了旅人们来这里的目的——朝拜。

名所江戸百景
千束の池袈裟懸松
廣重
下谷
魚栄

冬部

黑太鼓桥夕日之冈

1856—1859 年

太鼓桥始建于 1769 年，是目黑地区著名的景点之一。在江户，拱形桥非常少见，而且这还是一座拱形石桥，更加难得。过去这种样式的石桥多出现在中国，因此这个桥应该是模仿中国的桥梁建造的。这种独特的结构和造型让它在江户深受游客们的欢迎，他们纷纷慕名来到这里，赏景游玩。广重的这件作品就描绘了冬日雪景中的太鼓桥，白雪覆盖下的桥体依然清晰可见，游客与附近的村民或打着伞或披着斗笠从桥上走过，也有游客驻足观看美景，丝毫不在乎纷纷飘落的雪花与寒冷。在整体画面一片茫茫白色的映衬下，画面中央河水的蓝色更显得清丽耀眼，为画面起到了点睛的作用。

名所江戸百景
目黒太鼓橋夕日の岡
広重画
下谷魚栄

冬部

爱宕下薮小路

1856—1859 年

作品描绘了这条通往加藤越中守宅邸的小路及两旁的风景。雪一直在下着，行人们走在厚厚的积雪上，他们佝偻着后背，抵御着风雪的侵袭。与他们略显艰难的脚步形成对比的是，在前景中飞过的鸟雀们，它们丝毫没有受到冬日寒冷及雪花的困扰，显得欢快而自由。尽管画面以雪花的白色为主要基调，但在画面远处的红色寺院围墙以及近景的绿色柳树枝叶，都在这份单调中增加了非常动人的色彩，这让整件作品有了生气。画面左侧是加藤越中守宅邸的一侧房子的背面，看起来密不透风，异常压抑，为这片妙丽的雪景增加了厚重感。

名所江戸百景
愛宕下薮小路
廣重画
下谷
魚栄
巳七
改

冬部

虎之门外葵坂

1856—1859 年

在德川幕府晚期，供奉海上交通之守护神的金刀比罗宫作为一种信仰的化身，在江户广为流行。“金毗罗参”蔚然成风，葵坂这个地方也成为江户地区居民们研习“金毗罗参”的重要地点。广重的这件作品就描绘了一个冬日的夜晚，学徒们在葵坂上研习参拜的场景，他们褪去身上的厚重衣衫，只留少许遮羞之用，走向葵坂下方的河流中，在那里以冷水沐浴，锻炼身体，以此祈求神明保佑自己提高技艺早日出师。在他们的身旁，有挑着扁担贩卖吃食的小贩，这为这个寒冷的夜晚增添了几丝暖意。

名所江戸百景
虎の門外あふひ坂
廣重画
下谷
魚栄

冬部

比丘尼桥雪中

1856—1859 年

比丘尼桥位于现在日本东京银座一丁目，是江户时代有名的夜鹰、暗娼等聚集地，因此在这个附近聚集了很多提供食物的商贩及饭馆。广重的这件作品就集中表现了雪夜里的“江户美食”供应者们。在画面的左前侧的招牌告诉观众，这是一家提供猪或者野兽肉类的饭馆。在江户，食用兽肉并不是那么普遍，尚属于禁忌的范畴，但他们认为兽肉可以用于食疗，在大病初愈或者寒冬的夜里吃一些有助于增强体魄，恢复身体。在悬挂有这样招牌的餐厅，除了可以吃到野猪肉，人们还可以吃到鹿、熊、猴子肉等野味。画面的右前方则有出售烤薯类的摊位，在冬日的夜晚，这些热乎乎的烤土豆、烤红薯等可以为行人或夜鹰们提供一丝暖意。广重的这件作品也充分的证明，浮世绘除了极具装饰效果，还起到了记录历史的作用。

名所江戸百景
びくにはし雪中
山くじら
広重画

冬部

高田马场

1856—1859 年

1636 年，德川三代将军家光为训练旗本马术与流镝马而在当时的户塚村设立马场，此地还为家康六男越后高田藩主松平忠辉生母、高田殿（茶阿局）的游览地，因此加上高田被称为“高田马场”。在广重的这件作品中，他利用一个打靶靶子后方的视角为观众提供了一个类似暗中观察的角度，用来窥览当时武士在马场的行动。此时的武士们正围坐在草地上交谈，靶子周围散乱的箭矢表明他们刚刚结束了一场射击的训练。时值冬日，远处的富士山在白雪皑皑的覆盖下变成了银白色，在画面绿色的松柏、枯黄的田地以及红色晚霞的映衬下更加洁白。广重利用缩小远处人物的方式来表达距离和景深，尽量在扁平的浮世绘中传达空间的效果。

名所江戸百景
高田の馬場
廣重画
下谷
魚栄

冬部

高田姿见之桥佛之桥砂利场

1856—1859 年

姿见之桥即现今的面影桥，最初是一架设在神田川上的太鼓形木桥，是当时江户的游览赏玩胜地。在广重的这件作品中，姿见之桥被安放在画面前端的重要位置，在它的左下方，我们可以看到大镜山南藏院的寺庙屋顶从一团树冠中“脱颖而出”。跨过姿见之桥就来到了砂利场村，佛之桥就架设在村中池塘的上方，这个村子因为地处高田马场，因此聚集了很多武士在此，利用马场进行军事研习等。画面中除了一些具体景色的描绘，更多的是利用大面积的黄色和绿色来对周围景致进行高度概括化的处理，加上刻意画上的红色云雾，这件作品给人以色彩的强烈冲击。

名所江戸百景
高田姿見のはし
俤の橋
砂利場
廣重画
下谷
魚栄

冬部

汤岛天神坂上眺望

1856—1859 年

画面表现大雪覆盖下的江户汤岛的天神坂上的神社，神社的鸟居最先出现在画面的下方，它的出现暗示了神社的存在，但除此，广重没有将神社带入画面。在鸟居的旁边是一家饭馆，饭馆的屋檐下悬挂着红色的灯笼，而鸟居对面则是寺庙建筑群，寺庙的红墙在白雪下显得更加的鲜明生动。几个行人手持纸伞走在雪地上，正往鸟居的方向走去，他们是去参拜的。而画面的中间与远处位置则被密密麻麻的房屋及一大片美丽的河水所占据。河面中间有一处浅滩，浅滩上同样有一所寺庙，与这一边的红色寺庙遥相呼应。整幅作品在白色、蓝色与些许红色的衬托下，显得异常宁静与美好。

名所江戸百景
湯しま
天神坂
上眺望

冬部

王子装束之木除夕之狐火

1856—1859 年

东京北区王子町一代，一直流传着一个传说。据说在除夕这天，来自各地的狐狸会在大树下盛装打扮，前往王子稻荷神社参拜，广重的这件作品就是根据这个传说创作的。在除夕寒冷的夜晚，大地一片寂寥，只有夜晚的星空透露着一丝丝的光明。在昏暗的环境中，一群狐狸聚集在大树下，它们接收着神奇的大树赋予它们的奇妙光源，身体变成了淡粉色，在黑夜里熠熠生辉，它们的身边和远处则围绕着穿戴着斗笠、举着灯笼的人们，狐狸们将会带领人们一起前往王子稻荷神社，去祈求来年的幸福和收成。

名所江戸百景
王子装束ゑの木
大晦日の
狐火
廣重画
下谷
魚栄

后记

歌川广重原名安藤重右卫门，他的父亲曾在江户的中心地带（现今丸之内）消防站担任消防员，在当时，消防员属于下层武士阶层。除了提供工作，这个消防站还为消防员们提供了住所。因此广重小时候是在消防站长大的，这也使得他成为江户时代少数几个不是来自工匠家庭的浮世绘画家。广重的母亲在他 13 岁的时候去世了。母亲去世后，父亲就从自己的岗位退下来，让广重接任。同年 12 月父亲去世，13 岁的广重被外祖父母收养。消防站的工作相较于其他劳苦阶层的工作来讲，轻松很多，这使得少年广重有大量的闲暇时间来发展自己的兴趣爱好。15 岁的时候（1811 年），广重决定加入画师歌川丰广的门下，成为一名浮世绘学徒。但第一年尝试的时候，歌川丰广弟子已经满员，广重只好等到第二年才得以实现心愿，拜入门下，并将名字正式改为了歌川广重，并在 1818 年开始自号“一游斋”。

1821 年，广重娶了当时消防站同僚冈部弥左卫门的女儿为妻，之后他在消防站介绍外祖父家的一个 8 岁的孩子仲次郎进入消防站工作，以为自己日后离开这份工作做准备。一开始在歌川丰广门下，广重以画美人画为主，在 1828 年丰广去世后，才改成了绘制风景画为主，1830 年将自号更改为“一幽斋”，并开始研习花鸟绘画。1832 年，仲次郎 17 岁，广重将消防站职位正式交予他，自己便开始全职的画师生活，并再次改自号为“一立斋”。过去他只跟随过丰广学画，画风难免有些受限，广重意识到自己的问题，并再次拜师，开始跟随大冈云峰学习绘画。第二年，他发表了作品系列《东海道三十五次》，这让过去一直默默无闻的他名声鹊起，也奠定了他作为“风景画画师”的名声基础。从这时起，广重就开始高歌猛进，不但绘制出了大量受欢迎的风景画，在花鸟画、历史画、人物画等上也颇有建树，一时间，成为江户地区非常知名的浮世绘画师之一。

安政五年（1858 年），广重感染霍乱去世，享年 62 岁，他的好友歌川丰国（三代）为他绘制了遗像。广重的一生，虽前半生颇有动荡，但之后他还是凭借了自己的天赋与勤奋，在竞争激烈的日本浮世绘市场上建立自己的声望，并因自己淡泊的性格度过相对平和的后半生。广重的作品，与当时很多浮世绘画师多有不同，他相对柔和、清新的风格让他的作品看起来接受度更高，装饰性也更强，充满着世间的情趣和美好，其中《东海道五十三次》《江户百景》等都成为他留给世人的伟大财富。

图书在版编目（CIP）数据

歌川广重：名所江户百景/刘佼编著.—武汉：华中科技大学出版社，2020.9
ISBN 978-7-5680-6042-4

Ⅰ.①歌… Ⅱ.①刘… Ⅲ.①安藤广重（1797–1858）–传记 Ⅳ.①K833.135.72

中国版本图书馆CIP数据核字（2020）第027494号

歌川广重：名所江户百景
Gechuanguangzhong Mingsuo Jianghu Baijing

刘佼　编著

出版发行：华中科技大学出版社（中国·武汉）　电话：（027）81321913
北京有书至美文化传媒有限公司　电话：（010）67326910–6023
出 版 人：阮海洪

责任编辑：莽　昱　李　鑫
责任监印：徐　露　郑红红　封面设计：邱　宏

印　刷：广东省博罗县园洲勤达印务有限公司
开　本：889mm×1194mm　1/16
印　张：16
字　数：60千字
版　次：2020年9月第1版第1次印刷
定　价：168.00元

华中出版

本书若有印装质量问题，请向出版社营销中心调换
全国免费服务热线：400-6679-118　竭诚为您服务